HORÓSCOPO ASTECA

CHRISTA-MARIA
E
RICHARD KERLER

HORÓSCOPO ASTECA

**Interpretação do Amor e do Destino
Segundo o Calendário Asteca**

Tradução
ZILDA HUTCHINSON SCHILD

EDITORA PENSAMENTO
São Paulo

Título do original:
Aztekenhoroskop

Edição	Ano
1-2-3-4-5-6-7-8-9	89-90-91-92-93-94-95

EDITORA PENSAMENTO LTDA.
Rua Dr. Mário Vicente, 374 – 04270 – São Paulo, SP – Fone: 63 3141

Impresso em nossas oficinas gráficas.

SUMÁRIO

SOBRE ESTE LIVRO

É inacreditável: diariamente são elaborados vários horóscopos para publicação em jornais, revistas e livros. Os astrólogos se baseiam sobretudo em nossos signos e nos do horóscopo chinês. No entanto, apesar desse número elevado de horóscopos e do interesse que despertam, ninguém até hoje valorizou o horóscopo asteca. E é justamente isso que surpreende, pois nenhum outro povo se interessou de modo tão intenso como eles pelo significado das épocas, nem se fixou tanto no horóscopo.

Toda a civilização asteca, suas ações e seus desejos eram influenciados pelo horóscopo. Quando os primeiros conquistadores espanhóis alcançaram o México, ficaram logo fascinados pelo calendário asteca. Contudo, não conseguiram desvendar os mistérios mais recônditos desses horóscopos. Os cientistas continuam intrigados ainda hoje com esse inteligente sistema de signos. No entanto, nos últimos séculos intensificou-se o conhecimento do horóscopo asteca. Portanto, tornou-se possível, graças à ajuda de inúmeras fontes, trazer o horóscopo asteca para a atualidade.

O leitor estabelece o seu signo por meio do calendário. O que ele precisa saber sobre o seu signo encontrará numa descrição minuciosa. Também encontrará uma divisão em dias favoráveis e desfavoráveis, pois os astecas acrescentaram ao seu horóscopo períodos de cerca de 13 dias, divididos em bons e maus.

Além disso, para cada signo é oferecido um teste de compatibilidade entre parceiros. Com esse teste, descobrimos quais os signos que combinam ou não com os nossos, no que se refere ao amor e ao casamento. O relacionamento recebe uma nota. (Essa nota vai de um ponto, considerada má, até cinco pontos, considerada boa.)

Divirta-se, então, com o horóscopo asteca. Ele não só o ajudará a se conhecer, e aos seus semelhantes, como também a compreendê-los melhor. E isso será interessante.

O CALENDÁRIO ASTECA

Não é fácil compreender muito bem a contagem do tempo feita pelos astecas. Para eles, assim como para os maias, a observação da passagem do ano baseada nos calendários era uma ocupação fascinante. Eles elevaram a interpretação do calendário à categoria de ciência. Por um lado, desejavam explicar a repetição dos fenômenos da natureza, bem como a trajetória dos astros (que festejavam com rituais dedicados aos deuses); por outro lado, sentiam grande prazer com essa interpretação feita sobre o próprio destino e o de seus semelhantes, por meio do calendário.

Com efeito, havia dois calendários elaborados pelos astecas. Às vezes eles se orientavam pelo ano solar, denominado *Xiuitl*, constituído por 365 dias como o nosso. Todavia, ele não estava dividido em doze meses, mas em dezoito, cada um com vinte dias. Os cinco dias restantes eram considerados nefastos.

O século dos astecas compreendia 52 anos. Deram a este o nome de *século mexicano*. Cada um dos 52 anos tinha um nome e também um número. Para os nomes usaram conceitos como "pederneira", "casa", "coelho", "cana". Os anos eram enumerados de 1 a 13, e o ciclo começava com o ano 2 = cana; seguiam-se o 3 = pederneira, o 4 = casa, o 5 = coelho, o 6 = cana, o 7 = pederneira, o 8 = casa, o 9 = coelho, o 10 = cana, o 11 = pederneira, o 12 = casa, o 13 = coelho, o 1 = cana, o 2 = pederneira, e assim sucessivamente. O retorno ao ano 1 (cana), também denominado Ce-actal, portanto o décimo terceiro ano do ciclo, era dedicado ao deus Quetzalcoatl. Por sua vez, o calendário divinatório continha 260 dias. Os 13 números fundamentais desse calendário, multiplicados pelos quatro signos do ano, resultavam em 52 inícios de ano. Os 13 números estavam associados aos 20 nomes. Por outro lado, o nome de cada um dos dias era representado por um signo. O ano astrológico começava no dia 1 (Zipattli) e terminava no dia 13 (Xochitl).

O fato de cada série de treze dias estar ligada a um ou dois deuses acarreta confusão para quem não lida habitualmente com o calendário astrológico asteca. Por exemplo, o Sol e a Lua à série 1 (Miquiztle) e Patecatl, o deus da bebida e dos ébrios, à série 1 (Quiauitl), e assim por diante. Para complicar mais ainda as coisas, os astrólogos tinham de considerar também a influência exercida pelos quatro pontos cardeais sobre os signos. Para os mexicanos, o mundo era uma espécie de Cruz de Malta com o norte à direita, o oeste na parte de baixo, o sul à esquerda e o leste na parte de cima. Os vinte signos dos dias eram divididos em quatro séries de cinco. Cada uma dessas séries, por sua vez, era influenciada por um ponto cardeal. Como exemplos: Xochitl (Flor) e Tochtli (Coelho) eram associados ao sul, ao passo que Ozelotl (Jaguar) e Tecpatl (Pederneira) se relacionavam com o norte, enquanto Calli (Casa) e Mazatl (Veado) ao leste, e Acatl (Cana) e Cipactli (Crocodilo) se destinavam ao oeste.

Os mexicanos programavam a vida baseando-se no calendário disponível desde o nascimento. Tratava-se de saber se o nascimento ocorrera num dia favorável ou nefasto. Mas os astecas conheciam um truque para escapar das eventuais influências maléficas de um determinado dia e não depender delas durante toda uma vida. Esse truque era fácil: se, por exemplo, uma criança nascia num dia maléfico, antes de dar-lhe um nome, esperavam pelo próximo dia favorável. Procedia-se desta maneira, por exemplo, quando a criança nascia num dia em que a previsão era de compulsão à bebida, à depravação, etc.

Antes de iniciar uma viagem, sempre se consultava o calendário. Se o dia da partida caía num dia desfavorável, simplesmente adiava-se essa data. Os comerciantes não tratavam de negócios nos dias desfavoráveis. O calendário determinava o curso da vida dos homens como quase não acontecia com qualquer outro povo.

OS DEUSES ASTECAS

Como já mencionamos, o ano astrológico era dividido em séries de treze dias. Essas séries, por sua vez, eram dedicadas a um ou dois deuses. Portanto, os deuses influenciavam o significado dos dias, considerando-se as características de cada um deles.

Quem eram esses deuses?

Havia, em primeiro lugar, Huitzilopochtli, o deus-sol, ao mesmo tempo o mais importante dos deuses astecas. Interessante é a composição do nome, que simultaneamente exemplifica o significado desse deus. Huitzilopochtli é formado por duas palavras; "Huitzilin", traduzível por colibri, e "opochtli", que significa "esquerdo". Os astecas viam nos colibris guerreiros mortos ressuscitados. A palavra "opochtli" descreve o sol do meio-dia, que vemos do lado esquerdo, se olharmos de oeste para leste. O nome do deus também pode ser traduzido por "guerreiro do sul ressuscitado". O deus Huitzilopochtli alimentava-se constantemente de sangue e de corações humanos.

O segundo deus em importância era Quetzalcoatl. A tradução do nome significa mais ou menos "serpente emplumada". Tratava-se do primitivo deus da fertilidade dos pacíficos toltecas. Quando mais tarde os toltecas ocuparam o planalto central do México, transformaram-no em deus da estrela matutina e vespertina, responsável pela morte e pela ressurreição. Segundo a tradição, esse deus foi expulso da cidade tolteca de Tula. Ele fugiu para o oceano Atlântico numa balsa feita de serpentes. A tradição reza também que certo dia ele voltará. Diz-se que essa crendice ajudou os espanhóis quando estes invadiram o México apenas com 500 homens liderados por Hernán Cortés, vencendo os mexicanos como é do nosso conhecimento. Na verdade, os mexicanos acreditavam que com Cortés voltava o seu deus Quetzalcoatl e, devido a isso, não ofereceram a resistência que seria necessária para eliminar os espanhóis. Para os astecas, Quetzalcoatl era o deus dos ventos. Num ano do vento, ele voltaria depois da ressurreição.

OS SIGNOS DO HORÓSCOPO FUNDAMENTAL

Os astecas iam ao âmago das coisas. O horóscopo elaborado com base no calendário asteca tem 20 signos, representando os signos específicos do nascimento.

Ao contrário do nosso horóscopo e do chinês, o asteca não considera unicamente os signos do reino animal (horóscopo chinês), ou uma combinação de homem-animal (nosso horóscopo), porém está mais bem baseado em sua escolha de signos, incluindo conceitos como morte, vento, casa, água, etc.

O horóscopo asteca se divide nos seguintes vinte signos:

Eecatl

O vento

Coatl

A serpente

Cipactli

O crocodilo

Miquiztli

A morte

Calli

A casa

Mazatl

O veado

Cuetzpalin

O lagarto

Tochtli

O coelho

Atl

A água

Itzcuintli

O cão

Ozomatli

O macaco

Malinalli

A erva

Acatl

A cana

Ocelotl

O jaguar

Quauhtli

A águia

Cozcaquauhtli

O abutre

Ollin

O terremoto

Tecpatl

A pederneira

Quiauitl

A chuva

Xochitl

A flor

Como Encontrar o seu Signo

O calendário asteca não corresponde ao nosso modo de computar o tempo. Portanto, aqui o horóscopo asteca foi adaptado ao nosso modo de dividir o tempo. Procure o ano do seu nascimento nas páginas seguintes. Assim poderá identificar o signo, segundo o horóscopo asteca, com base no dia do seu nascimento.

O horóscopo asteca também acentua os dias favoráveis e desfavoráveis. Os astecas dedicavam a isso muita atenção.

Consultando o ano desejado, você descobrirá um signo para cada um dos 13 dias e sob este signo encontrará o significado de cada um dos dias específicos.

1891

1. 1.–12. 1.	Morte
13. 1.–25. 1.	Chuva
26. 1.– 7. 2.	Erva
8. 2.–20. 2.	Serpente
21. 2.– 6. 3.	Pederneira
7. 3.–19. 3.	Veado
20. 3.– 1. 4.	Flor
2. 4.–14. 4.	Cana
15. 4.–27. 4.	Morte
28. 4.–10. 5.	Chuva
11. 5.–23. 5.	Erva
24. 5.– 5. 6.	Serpente
6. 6.–18. 6.	Pederneira
19. 6.– 1. 7.	Macaco
2. 7.–14. 7.	Lagarto
15. 7.–27. 7.	Terremoto
28. 7.– 9. 8.	Cão
10. 8.–22. 8.	Casa
23. 8.– 4. 9.	Abutre
5. 9.–17. 9.	Água
18. 9.–30. 9.	Vento
1.10.–13.10.	Águia
14.10.–26.10.	Coelho
27.10.– 8.11.	Crocodilo
9.11.–21.11.	Jaguar
22.11.– 4.12.	Veado
5.12.–17.12.	Flor
18.12.–30.12.	Cana
31.12.	Morte

1892

1. 1.– 3. 1.	Terremoto
4. 1.–16. 1.	Cão
17. 1.–29. 1.	Casa
30. 1.–11. 2.	Abutre
12. 2.– 1. 3.	Água
2. 3.–10. 3.	Pederneira
11. 3.–23. 3.	Macaco
24. 3.– 5. 4.	Lagarto
6. 4.–18. 4.	Terremoto
19. 4.– 1. 5.	Cão
2. 5.–14. 5.	Casa
15. 5.–27. 5.	Abutre
28. 5.– 9. 6.	Água
10. 6.–22. 6.	Vento
23. 6.– 5. 7.	Águia
6. 7.–18. 7.	Coelho
19. 7.–31. 7.	Crocodilo
1. 8.–13. 8.	Jaguar
14. 8.–26. 8.	Veado
27. 8.– 8. 9.	Flor
9. 9.–21. 9.	Cana
22. 9.– 4.10.	Morte
5.10.–17.10.	Chuva
18.10.–30.10.	Erva
31.10.–12.11.	Serpente
13.11.–25.11.	Pederneira
26.11.– 8.12.	Macaco
9.12.–21.12.	Lagarto
22.12.–31.12.	Terremoto

1893	
1. 1.– 7. 1.	Crocodilo
8. 1.–20. 1.	Jaguar
21. 1.– 2. 2.	Veado
3. 2.–15. 2.	Flor
16. 2.– 1. 3.	Cana
2. 3.–14. 3.	Vento
15. 3.–27. 3.	Águia
28. 3.– 9. 4.	Coelho
10. 4.–22. 4.	Crocodilo
23. 4.– 5. 5.	Jaguar
6. 5.–18. 5.	Veado
19. 5.–31. 5.	Flor
1. 6.–13. 6.	Cana
14. 6.–26. 6.	Morte
27. 6.– 9. 7.	Chuva
10. 7.–22. 7.	Erva
23. 7.– 4. 8.	Serpente
5. 8.–17. 8.	Pederneira
18. 8.–30. 8.	Macaco
31. 8.–12. 9.	Lagarto
13. 9.–25. 9.	Terremoto
26. 9.– 8.10.	Cão
9.10.–21.10.	Casa
22.10.– 3.11.	Abutre
4.11.–16.11.	Pederneira
17.11.–29.11.	Vento
30.11.–12.12.	Águia
13.12.–25.12.	Coelho
26.12.–31.12.	Crocodilo

1894	
1. 1.–11. 1.	Serpente
12. 1.–24. 1.	Pederneira
25. 1.– 6. 2.	Macaco
7. 2.–19. 2.	Lagarto
20. 2.– 5. 3.	Terremoto
6. 3.–18. 3.	Morte
19. 3.–31. 3.	Chuva
1. 4.–13. 4.	Erva
14. 4.–26. 4.	Serpente
27. 4.– 9. 5.	Pederneira
10. 5.–22. 5.	Macaco
23. 5.– 4. 6.	Lagarto
5. 6.–17. 6.	Terremoto
18. 6.–30. 6.	Cão
1. 7.–13. 7.	Casa
14. 7.–26. 7.	Abutre
27. 7.– 8. 8.	Água
9. 8.–21. 8.	Vento
22. 8.– 3. 9.	Águia
4. 9.–16. 9.	Coelho
17. 9.–29. 9.	Crocodilo
30. 9.–12.10.	Jaguar
13.10.–25.10.	Veado
26.10.– 7.11.	Flor
8.11.–20.11.	Cana
21.11.– 3.12.	Morte
4.12.–16.12.	Chuva
17.12.–29.12.	Erva
30.12.–31.12.	Serpente

1895

1. 1.– 2. 1.	Abutre
3. 1.–15. 1.	Água
16. 1.–28. 1.	Vento
29. 1.–10. 2.	Águia
11. 2.–23. 2.	Coelho
24. 2.– 9. 3.	Terremoto
10. 3.–22. 3.	Cão
23. 3.– 4. 4.	Casa
5. 4.–17. 4.	Abutre
18. 4.–30. 4.	Água
1. 5.–13. 5.	Vento
14. 5.–26. 5.	Águia
27. 5.– 8. 6.	Coelho
9. 6.–21. 6.	Crocodilo
22. 6.– 4. 7.	Jaguar
5. 7.–17. 7.	Veado
18. 7.–30. 7.	Flor
31. 7.–12. 8.	Cana
13. 8.–25. 8.	Morte
26. 8.– 7. 9.	Chuva
8. 9.–20. 9.	Erva
21. 9.– 3.10.	Serpente
4.10.–16.10.	Pederneira
17.10.–29.10.	Macaco
30.10.–11.11.	Lagarto
12.11.–24.11.	Terremoto
25.11.– 7.12.	Cão
8.12.–20.12.	Casa
21.12.–31.12.	Abutre

1896

1. 1.– 6. 1.	Flor
7. 1.–19. 1.	Cana
20. 1.– 1. 2.	Morte
2. 2.–14. 2.	Chuva
15. 2.–29. 2.	Erva
1. 3.–13. 3.	Crocodilo
14. 3.–26. 3.	Jaguar
27. 3.– 8. 4.	Veado
9. 4.–21. 4.	Flor
22. 4.– 4. 5.	Cana
5. 5.–17. 5.	Morte
18. 5.–30. 5.	Chuva
31. 5.–12. 6.	Erva
13. 6.–25. 6.	Serpente
26. 6.– 8. 7.	Pederneira
9. 7.–21. 7.	Macaco
22. 7.– 3. 8.	Lagarto
4. 8.–16. 8.	Terremoto
17. 8.–29. 8.	Cão
30. 8.–11. 9.	Casa
12. 9.–24. 9.	Abutre
25. 9.– 7.10.	Água
8.10.–20.10.	Vento
21.10.– 2.11.	Águia
3.11.–15.11.	Coelho
16.11.–28.11.	Crocodilo
29.11.–11.12.	Jaguar
12.12.–24.12.	Veado
25.12.–31.12.	Flor

1897

1. 1.–10. 1.	Lagarto
11. 1.–23. 1.	Terremoto
24. 1.– 5. 2.	Cão
6. 2.–18. 2.	Casa
19. 2.– 4. 3.	Abutre
5. 3.–17. 3.	Serpente
18. 3.–30. 3.	Pederneira
31. 3.–12. 4.	Macaco
13. 4.–25. 4.	Lagarto
26. 4.– 8. 5.	Terremoto
9. 5.–21. 5.	Cão
22. 5.– 3. 6.	Casa
4. 6.–16. 6.	Abutre
17. 6.–29. 6.	Água
30. 6.–12. 7.	Vento
13. 7.–25. 7.	Águia
26. 7.– 7. 8.	Coelho
8. 8.–20. 8.	Crocodilo
21. 8.– 2. 9.	Jaguar
3. 9.–15. 9.	Veado
16. 9.–28. 9.	Flor
29. 9.–11.10.	Cana
12.10.–24.10.	Morte
25.10.– 6.11.	Chuva
7.11.–19.11.	Erva
20.11.– 2.12.	Serpente
3.12.–15.12.	Pederneira
16.12.–28.12.	Macaco
29.12.–31.12.	Lagarto

1898

1. 1.	Águia
2. 1.–14. 1.	Coelho
15. 1.–27. 1.	Crocodilo
28. 1.– 9. 2.	Jaguar
10. 2.–22. 2.	Veado
23. 2.– 8. 3.	Flor
9. 3.–21. 3.	Água
22. 3.– 3. 4.	Vento
4. 4.–16. 4.	Águia
17. 4.–29. 4.	Coelho
30. 4.–12. 5.	Crocodilo
13. 5.–25. 5.	Jaguar
26. 5.– 7. 6.	Veado
8. 6.–20. 6.	Flor
21. 6.– 3. 7.	Cana
4. 7.–16. 7.	Morte
17. 7.–29. 7.	Chuva
30. 7.–11. 8.	Erva
12. 8.–24. 8.	Serpente
25. 8.– 6. 9.	Pederneira
7. 9.–19. 9.	Macaco
20. 9.– 2.10.	Lagarto
3.10.–15.10.	Terremoto
16.10.–28.10.	Cão
29.10.–10.11.	Casa
11.11.–23.11.	Abutre
24.11.– 6.12.	Água
7.12.–19.12.	Vento
20.12.–31.12.	Águia

1899

1. 1.– 5. 1.	Chuva
6. 1.–18. 1.	Erva
19. 1.–31. 1.	Serpente
1. 2.–13. 2.	Pederneira
14. 2.– 3. 3.	Macaco
4. 3.–12. 3.	Flor
13. 3.–25. 3.	Cana
26. 3.– 7. 4.	Morte
8. 4.–20. 4.	Chuva
21. 4.– 3. 5.	Erva
4. 5.–16. 5.	Serpente
17. 5.–29. 5.	Pederneira
30. 5.–11. 6.	Macaco
12. 6.–24. 6.	Lagarto
25. 6.– 7. 7.	Terremoto
8. 7.–20. 7.	Cão
21. 7.– 2. 8.	Casa
3. 8.–15. 8.	Abutre
16. 8.–28. 8.	Água
29. 8.–10. 9.	Vento
11. 9.–23. 9.	Águia
24. 9.– 6.10.	Coelho
7.10.–19.10.	Crocodilo
20.10.– 1.11.	Jaguar
2.11.–14.11.	Veado
15.11.–27.11.	Flor
28.11.–10.12.	Cana
11.12.–23.12.	Morte
24.12.–31.12.	Chuva

1900

1. 1.– 9. 1.	Casa
10. 1.–22. 1.	Abutre
23. 1.– 4. 2.	Água
5. 2.–17. 2.	Vento
18. 2.– 3. 3.	Águia
4. 3.–16. 3.	Lagarto
17. 3.–29. 3.	Terremoto
30. 3.–11. 4.	Cão
12. 4.–24. 4.	Casa
25. 4.– 7. 5.	Abutre
8. 5.–20. 5.	Água
21. 5.– 2. 6.	Vento
3. 6.–15. 6.	Águia
16. 6.–28. 6.	Coelho
29. 6.–11. 7.	Crocodilo
12. 7.–24. 7.	Jaguar
25. 7.– 6. 8.	Veado
7. 8.–19. 8.	Flor
20. 8.– 1. 9.	Cana
2. 9.–14. 9.	Morte
15. 9.–27. 9.	Chuva
28. 9.–10.10.	Erva
11.10.–23.10.	Serpente
24.10.– 5.11.	Pederneira
6.11.–18.11.	Macaco
19.11.– 1.12.	Lagarto
2.12.–14.12.	Terremoto
15.12.–27.12.	Cão
28.12.–31.12.	Casa

1901

1. 1.–13. 1.	Veado
14. 1.–26. 1.	Flor
27. 1.– 8. 2.	Cana
9. 2.–21. 2.	Morte
22. 2.– 7. 3.	Chuva
8. 3.–20. 3.	Coelho
21. 3.– 2. 4.	Crocodilo
3. 4.–15. 4.	Jaguar
16. 4.–28. 4.	Veado
29. 4.–11. 5.	Flor
12. 5.–24. 5.	Cana
25. 5.– 6. 6.	Morte
7. 6.–19. 6.	Chuva
20. 6.– 2. 7.	Erva
3. 7.–15. 7.	Serpente
16. 7.–28. 7.	Pederneira
29. 7.–10. 8.	Macaco
11. 8.–23. 8.	Lagarto
24. 8.– 5. 9.	Terremoto
6. 9.–18. 9.	Cão
19. 9.– 1.10.	Casa
2.10.–14.10.	Abutre
15.10.–27.10.	Água
28.10.– 9.11.	Vento
10.11.–22.11.	Águia
23.11.– 5.12.	Coelho
6.12.–18.12.	Crocodilo
19.12.–31.12.	Jaguar

1902

1. 1.– 4. 1.	Pederneira
5. 1.–17. 1.	Macaco
18. 1.–30. 1.	Lagarto
31. 1.–12. 2.	Terremoto
13. 2.– 1. 3.	Cão
2. 3.–11. 3.	Chuva
12. 3.–24. 3.	Erva
25. 3.– 6. 4.	Serpente
7. 4.–19. 4.	Pederneira
20. 4.– 2. 5.	Macaco
3. 5.–15. 5.	Lagarto
16. 5.–28. 5.	Terremoto
29. 5.–10. 6.	Cão
11. 6.–23. 6.	Casa
24. 6.– 6. 7.	Abutre
7. 7.–19. 7.	Água
20. 7.– 1. 8.	Vento
2. 8.–14. 8.	Águia
15. 8.–27. 8.	Coelho
28. 8.– 9. 9.	Crocodilo
10. 9.–22. 9.	Jaguar
23. 9.– 5.10.	Veado
6.10.–18.10.	Flor
19.10.–31.10.	Cana
1.11.–13.11.	Morte
14.11.–26.11.	Chuva
27.11.– 9.12.	Erva
10.12.–22.12.	Serpente
23.12.–31.12.	Pederneira

1903	
1. 1.– 8. 1.	Vento
9. 1.–21. 1.	Águia
22. 1.– 3. 2.	Coelho
4. 2.–16. 2.	Crocodilo
17. 2.– 2. 3.	Jaguar
3. 3.–15. 3.	Casa
16. 3.–28. 3.	Abutre
29. 3.–10. 4.	Água
11. 4.–23. 4.	Vento
24. 4.– 6. 5.	Águia
7. 5.–19. 5.	Coelho
20. 5.– 1. 6.	Crocodilo
2. 6.–14. 6.	Jaguar
15. 6.–27. 6.	Veado
28. 6.–10. 7.	Flor
11. 7.–23. 7.	Cana
24. 7.– 5. 8.	Morte
6. 8.–18. 8.	Chuva
19. 8.–31. 8.	Erva
1. 9.–13. 9.	Serpente
14. 9.–26. 9.	Pederneira
27. 9.– 9.10.	Macaco
10.10.–22.10.	Lagarto
23.10.– 4.11.	Terremoto
5.11.–17.11.	Cão
18.11.–30.11.	Casa
1.12.–13.12.	Abutre
14.12.–26.12.	Água
27.12.–31.12.	Vento

1904	
1. 1.–12. 1.	Morte
13. 1.–25. 1.	Chuva
26. 1.– 7. 2.	Erva
8. 2.–20. 2.	Serpente
21. 2.– 6. 3.	Pederneira
7. 3.–19. 3.	Veado
20. 3.– 1. 4.	Flor
2. 4.–14. 4.	Cana
15. 4.–27. 4.	Morte
28. 4.–10. 5.	Chuva
11. 5.–23. 5.	Erva
24. 5.– 5. 6.	Serpente
6. 6.–18. 6.	Pederneira
19. 6.– 1. 7.	Macaco
2. 7.–14. 7.	Lagarto
15. 7.–27. 7.	Terremoto
28. 7.– 9. 8.	Cão
10. 8.–22. 8.	Casa
23. 8.– 4. 9.	Abutre
5. 9.–17. 9.	Água
18. 9.–30. 9.	Vento
1.10.–13.10.	Águia
14.10.–26.10.	Coelho
27.10.– 8.11.	Crocodilo
9.11.–21.11.	Jaguar
22.11.– 4.12.	Veado
5.12.–17.12.	Flor
18.12.–30.12.	Cana
31.12.	Morte

1905

1. 1.– 3. 1.	Terremoto
4. 1.–16. 1.	Cão
17. 1.–29. 1.	Casa
30. 1.–11. 2.	Abutre
12. 2.– 1. 3.	Água
2. 3.–10. 3.	Pederneira
11. 3.–23. 3.	Macaco
24. 3.– 5. 4.	Lagarto
6. 4.–18. 4.	Terremoto
19. 4.– 1. 5.	Cão
2. 5.–14. 5.	Casa
15. 5.–27. 5.	Abutre
28. 5.– 9. 6.	Água
10. 6.–22. 6.	Vento
23. 6.– 5. 7.	Águia
6. 7.–18. 7.	Coelho
19. 7.–31. 7.	Crocodilo
1. 8.–13. 8.	Jaguar
14. 8.–26. 8.	Veado
27. 8.– 8. 9.	Flor
9. 9.–21. 9.	Cana
22. 9.– 4.10.	Morte
5.10.–17.10.	Chuva
18.10.–30.10.	Erva
31.10.–12.11.	Serpente
13.11.–25.11.	Pederneira
26.11.– 8.12.	Macaco
9.12.–21.12.	Lagarto
22.12.–31.12.	Terremoto

1906

1. 1.– 7. 1.	Crocodilo
8. 1.–20. 1.	Jaguar
21. 1.– 2. 2.	Veado
3. 2.–15. 2.	Flor
16. 2.– 1. 3.	Cana
2. 3.–14. 3.	Vento
15. 3.–27. 3.	Águia
28. 3.– 9. 4.	Coelho
10. 4.–22. 4.	Crocodilo
23. 4.– 5. 5.	Jaguar
6. 5.–18. 5.	Veado
19. 5.–31. 5.	Flor
1. 6.–13. 6.	Cana
14. 6.–26. 6.	Morte
27. 6.– 9. 7.	Chuva
10. 7.–22. 7.	Erva
23. 7.– 4. 8.	Serpente
5. 8.–17. 8.	Pederneira
18. 8.–30. 8.	Macaco
31. 8.–12. 9.	Lagarto
13. 9.–25. 9.	Terremoto
26. 9.– 8.10.	Cão
9.10.–21.10.	Casa
22.10.– 3.11.	Abutre
4.11.–16.11.	Pederneira
17.11.–29.11.	Vento
30.11.–12.12.	Águia
13.12.–25.12.	Coelho
26.12.–31.12.	Crocodilo

1907	
1. 1.–11. 1.	Serpente
12. 1.–24. 1.	Pederneira
25. 1.– 6. 2.	Macaco
7. 2.–19. 2.	Lagarto
20. 2.– 5. 3.	Terremoto
6. 3.–18. 3.	Morte
19. 3.–31. 3.	Chuva
1. 4.–13. 4.	Erva
14. 4.–26. 4.	Serpente
27. 4.– 9. 5.	Pederneira
10. 5.–22. 5.	Macaco
23. 5.– 4. 6.	Lagarto
5. 6.–17. 6.	Terremoto
18. 6.–30. 6.	Cão
1. 7.–13. 7.	Casa
14. 7.–26. 7.	Abutre
27. 7.– 8. 8.	Água
9. 8.–21. 8.	Vento
22. 8.– 3. 9.	Águia
4. 9.–16. 9.	Coelho
17. 9.–29. 9.	Crocodilo
30. 9.–12.10.	Jaguar
13.10.–25.10.	Veado
26.10.– 7.11.	Flor
8.11.–20.11.	Cana
21.11.– 3.12.	Morte
4.12.–16.12.	Chuva
17.12.–29.12.	Erva
30.12.–31.12.	Serpente

1908	
1. 1.– 2. 1.	Abutre
3. 1.–15. 1.	Água
16. 1.–28. 1.	Vento
29. 1.–10. 2.	Águia
11. 2.–23. 2.	Coelho
24. 2.– 9. 3.	Terremoto
10. 3.–22. 3.	Cão
23. 3.– 4. 4.	Casa
5. 4.–17. 4.	Abutre
18. 4.–30. 4.	Água
1. 5.–13. 5.	Vento
14. 5.–26. 5.	Águia
27. 5.– 8. 6.	Coelho
9. 6.–21. 6.	Crocodilo
22. 6.– 4. 7.	Jaguar
5. 7.–17. 7.	Veado
18. 7.–30. 7.	Flor
31. 7.–12. 8.	Cana
13. 8.–25. 8.	Morte
26. 8.– 7. 9.	Chuva
8. 9.–20. 9.	Erva
21. 9.– 3.10.	Serpente
4.10.–16.10.	Pederneira
17.10.–29.10.	Macaco
30.10.–11.11.	Lagarto
12.11.–24.11.	Terremoto
25.11.– 7.12.	Cão
8.12.–20.12.	Casa
21.12.–31.12.	Abutre

1909

1. 1.– 6. 1.	Flor
7. 1.–19. 1.	Cana
20. 1.– 1. 2.	Morte
2. 2.–14. 2.	Chuva
15. 2.–29. 2.	Erva
1. 3.–13. 3.	Crocodilo
14. 3.–26. 3.	Jaguar
27. 3.– 8. 4.	Veado
9. 4.–21. 4.	Flor
22. 4.– 4. 5.	Cana
5. 5.–17. 5.	Morte
18. 5.–30. 5.	Chuva
31. 5.–12. 6.	Erva
13. 6.–25. 6.	Serpente
26. 6.– 8. 7.	Pederneira
9. 7.–21. 7.	Macaco
22. 7.– 3. 8.	Lagarto
4. 8.–16. 8.	Terremoto
17. 8.–29. 8.	Cão
30. 8.–11. 9.	Casa
12. 9.–24. 9.	Abutre
25. 9.– 7.10.	Água
8.10.–20.10.	Vento
21.10.– 2.11.	Águia
3.11.–15.11.	Coelho
16.11.–28.11.	Crocodilo
29.11.–11.12.	Jaguar
12.12.–24.12.	Veado
25.12.–31.12.	Flor

1910

1. 1.–10. 1.	Lagarto
11. 1.–23. 1.	Terremoto
24. 1.– 5. 2.	Cão
6. 2.–18. 2.	Casa
19. 2.– 4. 3.	Abutre
5. 3.–17. 3.	Serpente
18. 3.–30. 3.	Pederneira
31. 3.–12. 4.	Macaco
13. 4.–25. 4.	Lagarto
26. 4.– 8. 5.	Terremoto
9. 5.–21. 5.	Cão
22. 5.– 3. 6.	Casa
4. 6.–16. 6.	Abutre
17. 6.–29. 6.	Água
30. 6.–12. 7.	Vento
13. 7.–25. 7.	Águia
26. 7.– 7. 8.	Coelho
8. 8.–20. 8.	Crocodilo
21. 8.– 2. 9.	Jaguar
3. 9.–15. 9.	Veado
16. 9.–28. 9.	Flor
29. 9.–11.10.	Cana
12.10.–24.10.	Morte
25.10.– 6.11.	Chuva
7.11.–19.11.	Erva
20.11.– 2.12.	Serpente
3.12.–15.12.	Pederneira
16.12.–28.12.	Macaco
29.12.–31.12.	Lagarto

1911

1. 1.	Águia
2. 1.–14. 1.	Coelho
15. 1.–27. 1.	Crocodilo
28. 1.– 9. 2.	Jaguar
10. 2.–22. 2.	Veado
23. 2.– 8. 3.	Flor
9. 3.–21. 3.	Água
22. 3.– 3. 4.	Vento
4. 4.–16. 4.	Águia
17. 4.–29. 4.	Coelho
30. 4.–12. 5.	Crocodilo
13. 5.–25. 5.	Jaguar
26. 5.– 7. 6.	Veado
8. 6.–20. 6.	Flor
21. 6.– 3. 7.	Cana
4. 7.–16. 7.	Morte
17. 7.–29. 7.	Chuva
30. 7.–11. 8.	Erva
12. 8.–24. 8.	Serpente
25. 8.– 6. 9.	Pederneira
7. 9.–19. 9.	Macaco
20. 9.– 2.10.	Lagarto
3.10.–15.10.	Terremoto
16.10.–28.10.	Cão
29.10.–10.11.	Casa
11.11.–23.11.	Abutre
24.11.– 6.12.	Água
7.12.–19.12.	Vento
20.12.–31.12.	Águia

1912

1. 1.– 5. 1.	Chuva
6. 1.–18. 1.	Erva
19. 1.–31. 1.	Serpente
1. 2.–13. 2.	Pederneira
14. 2.– 3. 3.	Macaco
4. 3.–12. 3.	Flor
13. 3.–25. 3.	Cana
26. 3.– 7. 4.	Morte
8. 4.–20. 4.	Chuva
21. 4.– 3. 5.	Erva
4. 5.–16. 5.	Serpente
17. 5.–29. 5.	Pederneira
30. 5.–11. 6.	Macaco
12. 6.–24. 6.	Lagarto
25. 6.– 7. 7.	Terremoto
8. 7.–20. 7.	Cão
21. 7.– 2. 8.	Casa
3. 8.–15. 8.	Abutre
16. 8.–28. 8.	Água
29. 8.–10. 9.	Vento
11. 9.–23. 9.	Águia
24. 9.– 6.10.	Coelho
7.10.–19.10.	Crocodilo
20.10.– 1.11.	Jaguar
2.11.–14.11.	Veado
15.11.–27.11.	Flor
28.11.–10.12.	Cana
11.12.–23.12.	Morte
24.12.–31.12.	Chuva

1913

1. 1.– 9. 1.	Casa
10. 1.–22. 1.	Abutre
23. 1.– 4. 2.	Água
5. 2.–17. 2.	Vento
18. 2.– 3. 3.	Águia
4. 3.–16. 3.	Lagarto
17. 3.–29. 3.	Terremoto
30. 3.–11. 4.	Cão
12. 4.–24. 4.	Casa
25. 4.– 7. 5.	Abutre
8. 5.–20. 5.	Água
21. 5.– 2. 6.	Vento
3. 6.–15. 6.	Águia
16. 6.–28. 6.	Coelho
29. 6.–11. 7.	Crocodilo
12. 7.–24. 7.	Jaguar
25. 7.– 6. 8.	Veado
7. 8.–19. 8.	Flor
20. 8.– 1. 9.	Cana
2. 9.–14. 9.	Morte
15. 9.–27. 9.	Chuva
28. 9.–10.10.	Erva
11.10.–23.10.	Serpente
24.10.– 5.11.	Pederneira
6.11.–18.11.	Macaco
19.11.– 1.12.	Lagarto
2.12.–14.12.	Terremoto
15.12.–27.12.	Cão
28.12.–31.12.	Casa

1914

1. 1.–13. 1.	Veado
14. 1.–26. 1.	Flor
27. 1.– 8. 2.	Cana
9. 2.–21. 2.	Morte
22. 2.– 7. 3.	Chuva
8. 3.–20. 3.	Coelho
21. 3.– 2. 4.	Crocodilo
3. 4.–15. 4.	Jaguar
16. 4.–28. 4.	Veado
29. 4.–11. 5.	Flor
12. 5.–24. 5.	Cana
25. 5.– 6. 6.	Morte
7. 6.–19. 6.	Chuva
20. 6.– 2. 7.	Erva
3. 7.–15. 7.	Serpente
16. 7.–28. 7.	Pederneira
29. 7.–10. 8.	Macaco
11. 8.–23. 8.	Lagarto
24. 8.– 5. 9.	Terremoto
6. 9.–18. 9.	Cão
19. 9.– 1.10.	Casa
2.10.–14.10.	Abutre
15.10.–27.10.	Água
28.10.– 9.11.	Vento
10.11.–22.11.	Águia
23.11.– 5.12.	Coelho
6.12.–18.12.	Crocodilo
19.12.–31.12.	Jaguar

1915		1916	
1. 1.– 4. 1.	Pederneira	1. 1.– 8. 1.	Vento
5. 1.–17. 1.	Macaco	9. 1.–21. 1.	Águia
18. 1.–30. 1.	Lagarto	22. 1.– 3. 2.	Coelho
31. 1.–12. 2.	Terremoto	4. 2.–16. 2.	Crocodilo
13. 2.– 1. 3.	Cão	17. 2.– 2. 3.	Jaguar
2. 3.–11. 3.	Chuva	3. 3.–15. 3.	Casa
12. 3.–24. 3.	Erva	16. 3.–28. 3.	Abutre
25. 3.– 6. 4.	Serpente	29. 3.–10. 4.	Água
7. 4.–19. 4.	Pederneira	11. 4.–23. 4.	Vento
20. 4.– 2. 5.	Macaco	24. 4.– 6. 5.	Águia
3. 5.–15. 5.	Lagarto	7. 5.–19. 5.	Coelho
16. 5.–28. 5.	Terremoto	20. 5.– 1. 6.	Crocodilo
29. 5.–10. 6.	Cão	2. 6.–14. 6.	Jaguar
11. 6.–23. 6.	Casa	15. 6.–27. 6.	Veado
24. 6.– 6. 7.	Abutre	28. 6.–10. 7.	Flor
7. 7.–19. 7.	Água	11. 7.–23. 7.	Cana
20. 7.– 1. 8.	Vento	24. 7.– 5. 8.	Morte
2. 8.–14. 8.	Águia	6. 8.–18. 8.	Chuva
15. 8.–27. 8.	Coelho	19. 8.–31. 8.	Erva
28. 8.– 9. 9.	Crocodilo	1. 9.–13. 9.	Serpente
10. 9.–22. 9.	Jaguar	14. 9.–26. 9.	Pederneira
23. 9.– 5.10.	Veado	27. 9.– 9.10.	Macaco
6.10.–18.10.	Flor	10.10.–22.10.	Lagarto
19.10.–31.10.	Cana	23.10.– 4.11.	Terremoto
1.11.–13.11.	Morte	5.11.–17.11.	Cão
14.11.–26.11.	Chuva	18.11.–30.11.	Casa
27.11.– 9.12.	Erva	1.12.–13.12.	Abutre
10.12.–22.12.	Serpente	14.12.–26.12.	Água
23.12.–31.12.	Pederneira	27.12.–31.12.	Vento

1917

1. 1.–12. 1.	Morte
13. 1.–25. 1.	Chuva
26. 1.– 7. 2.	Erva
8. 2.–20. 2.	Serpente
21. 2.– 6. 3.	Pederneira
7. 3.–19. 3.	Veado
20. 3.– 1. 4.	Flor
2. 4.–14. 4.	Cana
15. 4.–27. 4.	Morte
28. 4.–10. 5.	Chuva
11. 5.–23. 5.	Erva
24. 5.– 5. 6.	Serpente
6. 6.–18. 6.	Pederneira
19. 6.– 1. 7.	Macaco
2. 7.–14. 7.	Lagarto
15. 7.–27. 7.	Terremoto
28. 7.– 9. 8.	Cão
10. 8.–22. 8.	Casa
23. 8.– 4. 9.	Abutre
5. 9.–17. 9.	Água
18. 9.–30. 9.	Vento
1.10.–13.10.	Águia
14.10.–26.10.	Coelho
27.10.– 8.11.	Crocodilo
9.11.–21.11.	Jaguar
22.11.– 4.12.	Veado
5.12.–17.12.	Flor
18.12.–30.12.	Cana
31.12.	Morte

1918

1. 1.– 3. 1.	Terremoto
4. 1.–16. 1.	Cão
17. 1.–29. 1.	Casa
30. 1.–11. 2.	Abutre
12. 2.– 1. 3.	Água
2. 3.–10. 3.	Pederneira
11. 3.–23. 3.	Macaco
24. 3.– 5. 4.	Lagarto
6. 4.–18. 4.	Terremoto
19. 4.– 1. 5.	Cão
2. 5.–14. 5.	Casa
15. 5.–27. 5.	Abutre
28. 5.– 9. 6.	Água
10. 6.–22. 6.	Vento
23. 6.– 5. 7.	Águia
6. 7.–18. 7.	Coelho
19. 7.–31. 7.	Crocodilo
1. 8.–13. 8.	Jaguar
14. 8.–26. 8.	Veado
27. 8.– 8. 9.	Flor
9. 9.–21. 9.	Cana
22. 9.– 4.10.	Morte
5.10.–17.10.	Chuva
18.10.–30.10.	Erva
31.10.–12.11.	Serpente
13.11.–25.11.	Pederneira
26.11.– 8.12.	Macaco
9.12.–21.12.	Lagarto
22.12.–31.12.	Terremoto

1919	
1. 1.– 7. 1.	Crocodilo
8. 1.–20. 1.	Jaguar
21. 1.– 2. 2.	Veado
3. 2.–15. 2.	Flor
16. 2.– 1. 3.	Cana
2. 3.–14. 3.	Vento
15. 3.–27. 3.	Águia
28. 3.– 9. 4.	Coelho
10. 4.–22. 4.	Crocodilo
23. 4.– 5. 5.	Jaguar
6. 5.–18. 5.	Veado
19. 5.–31. 5.	Flor
1. 6.–13. 6.	Cana
14. 6.–26. 6.	Morte
27. 6.– 9. 7.	Chuva
10. 7.–22. 7.	Erva
23. 7.– 4. 8.	Serpente
5. 8.–17. 8.	Pederneira
18. 8.–30. 8.	Macaco
31. 8.–12. 9.	Lagarto
13. 9.–25. 9.	Terremoto
26. 9.– 8.10.	Cão
9.10.–21.10.	Casa
22.10.– 3.11.	Abutre
4.11.–16.11.	Pederneira
17.11.–29.11.	Vento
30.11.–12.12.	Águia
13.12.–25.12.	Coelho
26.12.–31.12.	Crocodilo

1920	
1. 1.–11. 1.	Serpente
12. 1.–24. 1.	Pederneira
25. 1.– 6. 2.	Macaco
7. 2.–19. 2.	Lagarto
20. 2.– 5. 3.	Terremoto
6. 3.–18. 3.	Morte
19. 3.–31. 3.	Chuva
1. 4.–13. 4.	Erva
14. 4.–26. 4.	Serpente
27. 4.– 9. 5.	Pederneira
10. 5.–22. 5.	Macaco
23. 5.– 4. 6.	Lagarto
5. 6.–17. 6.	Terremoto
18. 6.–30. 6.	Cão
1. 7.–13. 7.	Casa
14. 7.–26. 7.	Abutre
27. 7.– 8. 8.	Água
9. 8.–21. 8.	Vento
22. 8.– 3. 9.	Águia
4. 9.–16. 9.	Coelho
17. 9.–29. 9.	Crocodilo
30. 9.–12.10.	Jaguar
13.10.–25.10.	Veado
26.10.– 7.11.	Flor
8.11.–20.11.	Cana
21.11.– 3.12.	Morte
4.12.–16.12.	Chuva
17.12.–29.12.	Erva
30.12.–31.12.	Serpente

1921

1. 1.– 2. 1.	Abutre
3. 1.–15. 1.	Água
16. 1.–28. 1.	Vento
29. 1.–10. 2.	Águia
11. 2.–23. 2.	Coelho
24. 2.– 9. 3.	Terremoto
10. 3.–22. 3.	Cão
23. 3.– 4. 4.	Casa
5. 4.–17. 4.	Abutre
18. 4.–30. 4.	Água
1. 5.–13. 5.	Vento
14. 5.–26. 5.	Águia
27. 5.– 8. 6.	Coelho
9. 6.–21. 6.	Crocodilo
22. 6.– 4. 7.	Jaguar
5. 7.–17. 7.	Veado
18. 7.–30. 7.	Flor
31. 7.–12. 8.	Cana
13. 8.–25. 8.	Morte
26. 8.– 7. 9.	Chuva
8. 9.–20. 9.	Erva
21. 9.– 3.10.	Serpente
4.10.–16.10.	Pederneira
17.10.–29.10.	Macaco
30.10.–11.11.	Lagarto
12.11.–24.11.	Terremoto
25.11.– 7.12.	Cão
8.12.–20.12.	Casa
21.12.–31.12.	Abutre

1922

1. 1.– 6. 1.	Flor
7. 1.–19. 1.	Cana
20. 1.– 1. 2.	Morte
2. 2.–14. 2.	Chuva
15. 2.–29. 2.	Erva
1. 3.–13. 3.	Crocodilo
14. 3.–26. 3.	Jaguar
27. 3.– 8. 4.	Veado
9. 4.–21. 4.	Flor
22. 4.– 4. 5.	Cana
5. 5.–17. 5.	Morte
18. 5.–30. 5.	Chuva
31. 5.–12. 6.	Erva
13. 6.–25. 6.	Serpente
26. 6.– 8. 7.	Pederneira
9. 7.–21. 7.	Macaco
22. 7.– 3. 8.	Lagarto
4. 8.–16. 8.	Terremoto
17. 8.–29. 8.	Cão
30. 8.–11. 9.	Casa
12. 9.–24. 9.	Abutre
25. 9.– 7.10.	Água
8.10.–20.10.	Vento
21.10.– 2.11.	Águia
3.11.–15.11.	Coelho
16.11.–28.11.	Crocodilo
29.11.–11.12.	Jaguar
12.12.–24.12.	Veado
25.12.–31.12.	Flor

1923

1. 1.–10. 1.	Lagarto
11. 1.–23. 1.	Terremoto
24. 1.– 5. 2.	Cão
6. 2.–18. 2.	Casa
19. 2.– 4. 3.	Abutre
5. 3.–17. 3.	Serpente
18. 3.–30. 3.	Pederneira
31. 3.–12. 4.	Macaco
13. 4.–25. 4.	Lagarto
26. 4.– 8. 5.	Terremoto
9. 5.–21. 5.	Cão
22. 5.– 3. 6.	Casa
4. 6.–16. 6.	Abutre
17. 6.–29. 6.	Água
30. 6.–12. 7.	Vento
13. 7.–25. 7.	Águia
26. 7.– 7. 8.	Coelho
8. 8.–20. 8.	Crocodilo
21. 8.– 2. 9.	Jaguar
3. 9.–15. 9.	Veado
16. 9.–28. 9.	Flor
29. 9.–11.10.	Cana
12.10.–24.10.	Morte
25.10.– 6.11.	Chuva
7.11.–19.11.	Erva
20.11.– 2.12.	Serpente
3.12.–15.12.	Pederneira
16.12.–28.12.	Macaco
29.12.–31.12.	Lagarto

1924

1. 1.	Águia
2. 1.–14. 1.	Coelho
15. 1.–27. 1.	Crocodilo
28. 1.– 9. 2.	Jaguar
10. 2.–22. 2.	Veado
23. 2.– 8. 3.	Flor
9. 3.–21. 3.	Água
22. 3.– 3. 4.	Vento
4. 4.–16. 4.	Águia
17. 4.–29. 4.	Coelho
30. 4.–12. 5.	Crocodilo
13. 5.–25. 5.	Jaguar
26. 5.– 7. 6.	Veado
8. 6.–20. 6.	Flor
21. 6.– 3. 7.	Cana
4. 7.–16. 7.	Morte
17. 7.–29. 7.	Chuva
30. 7.–11. 8.	Erva
12. 8.–24. 8.	Serpente
25. 8.– 6. 9.	Pederneira
7. 9.–19. 9.	Macaco
20. 9.– 2.10.	Lagarto
3.10.–15.10.	Terremoto
16.10.–28.10.	Cão
29.10.–10.11.	Casa
11.11.–23.11.	Abutre
24.11.– 6.12.	Água
7.12.–19.12.	Vento
20.12.–31.12.	Águia

1925	
1. 1.– 5. 1.	Chuva
6. 1.–18. 1.	Erva
19. 1.–31. 1.	Serpente
1. 2.–13. 2.	Pederneira
14. 2.– 3. 3.	Macaco
4. 3.–12. 3.	Flor
13. 3.–25. 3.	Cana
26. 3.– 7. 4.	Morte
8. 4.–20. 4.	Chuva
21. 4.– 3. 5.	Erva
4. 5.–16. 5.	Serpente
17. 5.–29. 5.	Pederneira
30. 5.–11. 6.	Macaco
12. 6.–24. 6.	Lagarto
25. 6.– 7. 7.	Terremoto
8. 7.–20. 7.	Cão
21. 7.– 2. 8.	Casa
3. 8.–15. 8.	Abutre
16. 8.–28. 8.	Água
29. 8.–10. 9.	Vento
11. 9.–23. 9.	Águia
24. 9.– 6.10.	Coelho
7.10.–19.10.	Crocodilo
20.10.– 1.11.	Jaguar
2.11.–14.11.	Veado
15.11.–27.11.	Flor
28.11.–10.12.	Cana
11.12.–23.12.	Morte
24.12.–31.12.	Chuva

1926	
1. 1.– 9. 1.	Casa
10. 1.–22. 1.	Abutre
23. 1.– 4. 2.	Água
5. 2.–17. 2.	Vento
18. 2.– 3. 3.	Águia
4. 3.–16. 3.	Lagarto
17. 3.–29. 3.	Terremoto
30. 3.–11. 4.	Cão
12. 4.–24. 4.	Casa
25. 4.– 7. 5.	Abutre
8. 5.–20. 5.	Água
21. 5.– 2. 6.	Vento
3. 6.–15. 6.	Águia
16. 6.–28. 6.	Coelho
29. 6.–11. 7.	Crocodilo
12. 7.–24. 7.	Jaguar
25. 7.– 6. 8.	Veado
7. 8.–19. 8.	Flor
20. 8.– 1. 9.	Cana
2. 9.–14. 9.	Morte
15. 9.–27. 9.	Chuva
28. 9.–10.10.	Erva
11.10.–23.10.	Serpente
24.10.– 5.11.	Pederneira
6.11.–18.11.	Macaco
19.11.– 1.12.	Lagarto
2.12.–14.12.	Terremoto
15.12.–27.12.	Cão
28.12.–31.12.	Casa

1927

1. 1.–13. 1.	Veado
14. 1.–26. 1.	Flor
27. 1.– 8. 2.	Cana
9. 2.–21. 2.	Morte
22. 2.– 7. 3.	Chuva
8. 3.–20. 3.	Coelho
21. 3.– 2. 4.	Crocodilo
3. 4.–15. 4.	Jaguar
16. 4.–28. 4.	Veado
29. 4.–11. 5.	Flor
12. 5.–24. 5.	Cana
25. 5.– 6. 6.	Morte
7. 6.–19. 6.	Chuva
20. 6.– 2. 7.	Erva
3. 7.–15. 7.	Serpente
16. 7.–28. 7.	Pederneira
29. 7.–10. 8.	Macaco
11. 8.–23. 8.	Lagarto
24. 8.– 5. 9.	Terremoto
6. 9.–18. 9.	Cão
19. 9.– 1.10.	Casa
2.10.–14.10.	Abutre
15.10.–27.10.	Água
28.10.– 9.11.	Vento
10.11.–22.11.	Águia
23.11.– 5.12.	Coelho
6.12.–18.12.	Crocodilo
19.12.–31.12.	Jaguar

1928

1. 1.– 4. 1.	Pederneira
5. 1.–17. 1.	Macaco
18. 1.–30. 1.	Lagarto
31. 1.–12. 2.	Terremoto
13. 2.– 1. 3.	Cão
2. 3.–11. 3.	Chuva
12. 3.–24. 3.	Erva
25. 3.– 6. 4.	Serpente
7. 4.–19. 4.	Pederneira
20. 4.– 2. 5.	Macaco
3. 5.–15. 5.	Lagarto
16. 5.–28. 5.	Terremoto
29. 5.–10. 6.	Cão
11. 6.–23. 6.	Casa
24. 6.– 6. 7.	Abutre
7. 7.–19. 7.	Água
20. 7.– 1. 8.	Vento
2. 8.–14. 8.	Águia
15. 8.–27. 8.	Coelho
28. 8.– 9. 9.	Crocodilo
10. 9.–22. 9.	Jaguar
23. 9.– 5.10.	Veado
6.10.–18.10.	Flor
19.10.–31.10.	Cana
1.11.–13.11.	Morte
14.11.–26.11.	Chuva
27.11.– 9.12.	Erva
10.12.–22.12.	Serpente
23.12.–31.12.	Pederneira

1929	
1. 1.– 8. 1.	Vento
9. 1.–21. 1.	Águia
22. 1.– 3. 2.	Coelho
4. 2.–16. 2.	Crocodilo
17. 2.– 2. 3.	Jaguar
3. 3.–15. 3.	Casa
16. 3.–28. 3.	Abutre
29. 3.–10. 4.	Água
11. 4.–23. 4.	Vento
24. 4.– 6. 5.	Águia
7. 5.–19. 5.	Coelho
20. 5.– 1. 6.	Crocodilo
2. 6.–14. 6.	Jaguar
15. 6.–27. 6.	Veado
28. 6.–10. 7.	Flor
11. 7.–23. 7.	Cana
24. 7.– 5. 8.	Morte
6. 8.–18. 8.	Chuva
19. 8.–31. 8.	Erva
1. 9.–13. 9.	Serpente
14. 9.–26. 9.	Pederneira
27. 9.– 9.10.	Macaco
10.10.–22.10.	Lagarto
23.10.– 4.11.	Terremoto
5.11.–17.11.	Cão
18.11.–30.11.	Casa
1.12.–13.12.	Abutre
14.12.–26.12.	Água
27.12.–31.12.	Vento

1930	
1. 1.–12. 1.	Morte
13. 1.–25. 1.	Chuva
26. 1.– 7. 2.	Erva
8. 2.–20. 2.	Serpente
21. 2.– 6. 3.	Pederneira
7. 3.–19. 3.	Veado
20. 3.– 1. 4.	Flor
2. 4.–14. 4.	Cana
15. 4.–27. 4.	Morte
28. 4.–10. 5.	Chuva
11. 5.–23. 5.	Erva
24. 5.– 5. 6.	Serpente
6. 6.–18. 6.	Pederneira
19. 6.– 1. 7.	Macaco
2. 7.–14. 7.	Lagarto
15. 7.–27. 7.	Terremoto
28. 7.– 9. 8.	Cão
10. 8.–22. 8.	Casa
23. 8.– 4. 9.	Abutre
5. 9.–17. 9.	Água
18. 9.–30. 9.	Vento
1.10.–13.10.	Águia
14.10.–26.10.	Coelho
27.10.– 8.11.	Crocodilo
9.11.–21.11.	Jaguar
22.11.– 4.12.	Veado
5.12.–17.12.	Flor
18.12.–30.12.	Cana
31.12.	Morte

1931		1932	
1. 1.– 3. 1.	Terremoto	1. 1.– 7. 1.	Crocodilo
4. 1.–16. 1.	Cão	8. 1.–20. 1.	Jaguar
17. 1.–29. 1.	Casa	21. 1.– 2. 2.	Veado
30. 1.–11. 2.	Abutre	3. 2.–15. 2.	Flor
12. 2.– 1. 3.	Água	16. 2.– 1. 3.	Cana
2. 3.–10. 3.	Pederneira	2. 3.–14. 3.	Vento
11. 3.–23. 3.	Macaco	15. 3.–27. 3.	Águia
24. 3.– 5. 4.	Lagarto	28. 3.– 9. 4.	Coelho
6. 4.–18. 4.	Terremoto	10. 4.–22. 4.	Crocodilo
19. 4.– 1. 5.	Cão	23. 4.– 5. 5.	Jaguar
2. 5.–14. 5.	Casa	6. 5.–18. 5.	Veado
15. 5.–27. 5.	Abutre	19. 5.–31. 5.	Flor
28. 5.– 9. 6.	Água	1. 6.–13. 6.	Cana
10. 6.–22. 6.	Vento	14. 6.–26. 6.	Morte
23. 6.– 5. 7.	Águia	27. 6.– 9. 7.	Chuva
6. 7.–18. 7.	Coelho	10. 7.–22. 7.	Erva
19. 7.–31. 7.	Crocodilo	23. 7.– 4. 8.	Serpente
1. 8.–13. 8.	Jaguar	5. 8.–17. 8.	Pederneira
14. 8.–26. 8.	Veado	18. 8.–30. 8.	Macaco
27. 8.– 8. 9.	Flor	31. 8.–12. 9.	Lagarto
9. 9.–21. 9.	Cana	13. 9.–25. 9.	Terremoto
22. 9.– 4.10.	Morte	26. 9.– 8.10.	Cão
5.10.–17.10.	Chuva	9.10.–21.10.	Casa
18.10.–30.10.	Erva	22.10.– 3.11.	Abutre
31.10.–12.11.	Serpente	4.11.–16.11.	Pederneira
13.11.–25.11.	Pederneira	17.11.–29.11.	Vento
26.11.– 8.12.	Macaco	30.11.–12.12.	Águia
9.12.–21.12.	Lagarto	13.12.–25.12.	Coelho
22.12.–31.12.	Terremoto	26.12.–31.12.	Crocodilo

1933

1. 1.–11. 1.	Serpente
12. 1.–24. 1.	Pederneira
25. 1.– 6. 2.	Macaco
7. 2.–19. 2.	Lagarto
20. 2.– 5. 3.	Terremoto
6. 3.–18. 3.	Morte
19. 3.–31. 3.	Chuva
1. 4.–13. 4.	Erva
14. 4.–26. 4.	Serpente
27. 4.– 9. 5.	Pederneira
10. 5.–22. 5.	Macaco
23. 5.– 4. 6.	Lagarto
5. 6.–17. 6.	Terremoto
18. 6.–30. 6.	Cão
1. 7.–13. 7.	Casa
14. 7.–26. 7.	Abutre
27. 7.– 8. 8.	Água
9. 8.–21. 8.	Vento
22. 8.– 3. 9.	Águia
4. 9.–16. 9.	Coelho
17. 9.–29. 9.	Crocodilo
30. 9.–12.10.	Jaguar
13.10.–25.10.	Veado
26.10.– 7.11.	Flor
8.11.–20.11.	Cana
21.11.– 3.12.	Morte
4.12.–16.12.	Chuva
17.12.–29.12.	Erva
30.12.–31.12.	Serpente

1934

1. 1.– 2. 1.	Abutre
3. 1.–15. 1.	Água
16. 1.–28. 1.	Vento
29. 1.–10. 2.	Águia
11. 2.–23. 2.	Coelho
24. 2.– 9. 3.	Terremoto
10. 3.–22. 3.	Cão
23. 3.– 4. 4.	Casa
5. 4.–17. 4.	Abutre
18. 4.–30. 4.	Água
1. 5.–13. 5.	Vento
14. 5.–26. 5.	Águia
27. 5.– 8. 6.	Coelho
9. 6.–21. 6.	Crocodilo
22. 6.– 4. 7.	Jaguar
5. 7.–17. 7.	Veado
18. 7.–30. 7.	Flor
31. 7.–12. 8.	Cana
13. 8.–25. 8.	Morte
26. 8.– 7. 9.	Chuva
8. 9.–20. 9.	Erva
21. 9.– 3.10.	Serpente
4.10.–16.10.	Pederneira
17.10.–29.10.	Macaco
30.10.–11.11.	Lagarto
12.11.–24.11.	Terremoto
25.11.– 7.12.	Cão
8.12.–20.12.	Casa
21.12.–31.12.	Abutre

1935	
1. 1.– 6. 1.	Flor
7. 1.–19. 1.	Cana
20. 1.– 1. 2.	Morte
2. 2.–14. 2.	Chuva
15. 2.–29. 2.	Erva
1. 3.–13. 3.	Crocodilo
14. 3.–26. 3.	Jaguar
27. 3.– 8. 4.	Veado
9. 4.–21. 4.	Flor
22. 4.– 4. 5.	Cana
5. 5.–17. 5.	Morte
18. 5.–30. 5.	Chuva
31. 5.–12. 6.	Erva
13. 6.–25. 6.	Serpente
26. 6.– 8. 7.	Pederneira
9. 7.–21. 7.	Macaco
22. 7.– 3. 8.	Lagarto
4. 8.–16. 8.	Terremoto
17. 8.–29. 8.	Cão
30. 8.–11. 9.	Casa
12. 9.–24. 9.	Abutre
25. 9.– 7.10.	Água
8.10.–20.10.	Vento
21.10.– 2.11.	Águia
3.11.–15.11.	Coelho
16.11.–28.11.	Crocodilo
29.11.–11.12.	Jaguar
12.12.–24.12.	Veado
25.12.–31.12.	Flor

1936	
1. 1.–10. 1.	Lagarto
11. 1.–23. 1.	Terremoto
24. 1.– 5. 2.	Cão
6. 2.–18. 2.	Casa
19. 2.– 4. 3.	Abutre
5. 3.–17. 3.	Serpente
18. 3.–30. 3.	Pederneira
31. 3.–12. 4.	Macaco
13. 4.–25. 4.	Lagarto
26. 4.– 8. 5.	Terremoto
9. 5.–21. 5.	Cão
22. 5.– 3. 6.	Casa
4. 6.–16. 6.	Abutre
17. 6.–29. 6.	Água
30. 6.–12. 7.	Vento
13. 7.–25. 7.	Águia
26. 7.– 7. 8.	Coelho
8. 8.–20. 8.	Crocodilo
21. 8.– 2. 9.	Jaguar
3. 9.–15. 9.	Veado
16. 9.–28. 9.	Flor
29. 9.–11.10.	Cana
12.10.–24.10.	Morte
25.10.– 6.11.	Chuva
7.11.–19.11.	Erva
20.11.– 2.12.	Serpente
3.12.–15.12.	Pederneira
16.12.–28.12.	Macaco
29.12.–31.12.	Lagarto

1937

1. 1.		Águia
2. 1.	–14. 1.	Coelho
15. 1.	–27. 1.	Crocodilo
28. 1.	– 9. 2.	Jaguar
10. 2.	–22. 2.	Veado
23. 2.	– 8. 3.	Flor
9. 3.	–21. 3.	Água
22. 3.	– 3. 4.	Vento
4. 4.	–16. 4.	Águia
17. 4.	–29. 4.	Coelho
30. 4.	–12. 5.	Crocodilo
13. 5.	–25. 5.	Jaguar
26. 5.	– 7. 6.	Veado
8. 6.	–20. 6.	Flor
21. 6.	– 3. 7.	Cana
4. 7.	–16. 7.	Morte
17. 7.	–29. 7.	Chuva
30. 7.	–11. 8.	Erva
12. 8.	–24. 8.	Serpente
25. 8.	– 6. 9.	Pederneira
7. 9.	–19. 9.	Macaco
20. 9.	– 2.10.	Lagarto
3.10.	–15.10.	Terremoto
16.10.	–28.10.	Cão
29.10.	–10.11.	Casa
11.11.	–23.11.	Abutre
24.11.	– 6.12.	Água
7.12.	–19.12.	Vento
20.12.	–31.12.	Águia

1938

1. 1.	– 5. 1.	Chuva
6. 1.	–18. 1.	Erva
19. 1.	–31. 1.	Serpente
1. 2.	–13. 2.	Pederneira
14. 2.	– 3. 3.	Macaco
4. 3.	–12. 3.	Flor
13. 3.	–25. 3.	Cana
26. 3.	– 7. 4.	Morte
8. 4.	–20. 4.	Chuva
21. 4.	– 3. 5.	Erva
4. 5.	–16. 5.	Serpente
17. 5.	–29. 5.	Pederneira
30. 5.	–11. 6.	Macaco
12. 6.	–24. 6.	Lagarto
25. 6.	– 7. 7.	Terremoto
8. 7.	–20. 7.	Cão
21. 7.	– 2. 8.	Casa
3. 8.	–15. 8.	Abutre
16. 8.	–28. 8.	Água
29. 8.	–10. 9.	Vento
11. 9.	–23. 9.	Águia
24. 9.	– 6.10.	Coelho
7.10.	–19.10.	Crocodilo
20.10.	– 1.11.	Jaguar
2.11.	–14.11.	Veado
15.11.	–27.11.	Flor
28.11.	–10.12.	Cana
11.12.	–23.12.	Morte
24.12.	–31.12.	Chuva

1939	
1. 1.– 9. 1.	Casa
10. 1.–22. 1.	Abutre
23. 1.– 4. 2.	Água
5. 2.–17. 2.	Vento
18. 2.– 3. 3.	Águia
4. 3.–16. 3.	Lagarto
17. 3.–29. 3.	Terremoto
30. 3.–11. 4.	Cão
12. 4.–24. 4.	Casa
25. 4.– 7. 5.	Abutre
8. 5.–20. 5.	Água
21. 5.– 2. 6.	Vento
3. 6.–15. 6.	Águia
16. 6.–28. 6.	Coelho
29. 6.–11. 7.	Crocodilo
12. 7.–24. 7.	Jaguar
25. 7.– 6. 8.	Veado
7. 8.–19. 8.	Flor
20. 8.– 1. 9.	Cana
2. 9.–14. 9.	Morte
15. 9.–27. 9.	Chuva
28. 9.–10.10.	Erva
11.10.–23.10.	Serpente
24.10.– 5.11.	Pederneira
6.11.–18.11.	Macaco
19.11.– 1.12.	Lagarto
2.12.–14.12.	Terremoto
15.12.–27.12.	Cão
28.12.–31.12.	Casa

1940	
1. 1.–13. 1.	Veado
14. 1.–26. 1.	Flor
27. 1.– 8. 2.	Cana
9. 2.–21. 2.	Morte
22. 2.– 7. 3.	Chuva
8. 3.–20. 3.	Coelho
21. 3.– 2. 4.	Crocodilo
3. 4.–15. 4.	Jaguar
16. 4.–28. 4.	Veado
29. 4.–11. 5.	Flor
12. 5.–24. 5.	Cana
25. 5.– 6. 6.	Morte
7. 6.–19. 6.	Chuva
20. 6.– 2. 7.	Erva
3. 7.–15. 7.	Serpente
16. 7.–28. 7.	Pederneira
29. 7.–10. 8.	Macaco
11. 8.–23. 8.	Lagarto
24. 8.– 5. 9.	Terremoto
6. 9.–18. 9.	Cão
19. 9.– 1.10.	Casa
2.10.–14.10.	Abutre
15.10.–27.10.	Água
28.10.– 9.11.	Vento
10.11.–22.11.	Águia
23.11.– 5.12.	Coelho
6.12.–18.12.	Crocodilo
19.12.–31.12.	Jaguar

[illegible]. 1.	Pederneira
[illegible]7. 1.	Macaco
[illegible] 30. 1.	Lagarto
31. 1.–12. 2.	Terremoto
13. 2.– 1. 3.	Cão
2. 3.–11. 3.	Chuva
12. 3.–24. 3.	Erva
25. 3.– 6. 4.	Serpente
7. 4.–19. 4.	Pederneira
20. 4.– 2. 5.	Macaco
3. 5.–15. 5.	Lagarto
16. 5.–28. 5.	Terremoto
29. 5.–10. 6.	Cão
11. 6.–23. 6.	Casa
24. 6.– 6. 7.	Abutre
7. 7.–19. 7.	Água
20. 7.– 1. 8.	Vento
2. 8.–14. 8.	Águia
15. 8.–27. 8.	Coelho
28. 8.– 9. 9.	Crocodilo
10. 9.–22. 9.	Jaguar
23. 9.– 5.10.	Veado
6.10.–18.10.	Flor
19.10.–31.10.	Cana
1.11.–13.11.	Morte
14.11.–26.11.	Chuva
27.11.– 9.12.	Erva
10.12.–22.12.	Serpente
23.12.–31.12.	Pederneira

1942

1. 1.– 8. 1.	Vento
9. 1.–21. 1.	Águia
22. 1.– 3. 2.	Coelho
4. 2.–16. 2.	Crocodilo
17. 2.– 2. 3.	Jaguar
3. 3.–15. 3.	Casa
16. 3.–28. 3.	Abutre
29. 3.–10. 4.	Água
11. 4.–23. 4.	Vento
24. 4.– 6. 5.	Águia
7. 5.–19. 5.	Coelho
20. 5.– 1. 6.	Crocodilo
2. 6.–14. 6.	Jaguar
15. 6.–27. 6.	Veado
28. 6.–10. 7.	Flor
11. 7.–23. 7.	Cana
24. 7.– 5. 8.	Morte
6. 8.–18. 8.	Chuva
19. 8.–31. 8.	Erva
1. 9.–13. 9.	Serpente
14. 9.–26. 9.	Pederneira
27. 9.– 9.10.	Macaco
10.10.–22.10.	Lagarto
23.10.– 4.11.	Terremoto
5.11.–17.11.	Cão
18.11.–30.11.	Casa
1.12.–13.12.	Abutre
14.12.–26.12.	Água
27.12.–31.12.	Vento

1943

1. 1.–12. 1.	Morte
13. 1.–25. 1.	Chuva
26. 1.– 7. 2.	Erva
8. 2.–20. 2.	Serpente
21. 2.– 6. 3.	Pederneira
7. 3.–19. 3.	Veado
20. 3.– 1. 4.	Flor
2. 4.–14. 4.	Cana
15. 4.–27. 4.	Morte
28. 4.–10. 5.	Chuva
11. 5.–23. 5.	Erva
24. 5.– 5. 6.	Serpente
6. 6.–18. 6.	Pederneira
19. 6.– 1. 7.	Macaco
2. 7.–14. 7.	Lagarto
15. 7.–27. 7.	Terremoto
28. 7.– 9. 8.	Cão
10. 8.–22. 8.	Casa
23. 8.– 4. 9.	Abutre
5. 9.–17. 9.	Água
18. 9.–30. 9.	Vento
1.10.–13.10.	Águia
14.10.–26.10.	Coelho
27.10.– 8.11.	Crocodilo
9.11.–21.11.	Jaguar
22.11.– 4.12.	Veado
5.12.–17.12.	Flor
18.12.–30.12.	Cana
31.12.	Morte

1944

1. 1.– 3. 1.	Terremoto
4. 1.–16. 1.	Cão
17. 1.–29. 1.	Casa
30. 1.–11. 2.	Abutre
12. 2.– 1. 3.	Água
2. 3.–10. 3.	Pederneira
11. 3.–23. 3.	Macaco
24. 3.– 5. 4.	Lagarto
6. 4.–18. 4.	Terremoto
19. 4.– 1. 5.	Cão
2. 5.–14. 5.	Casa
15. 5.–27. 5.	Abutre
28. 5.– 9. 6.	Água
10. 6.–22. 6.	Vento
23. 6.– 5. 7.	Águia
6. 7.–18. 7.	Coelho
19. 7.–31. 7.	Crocodilo
1. 8.–13. 8.	Jaguar
14. 8.–26. 8.	Veado
27. 8.– 8. 9.	Flor
9. 9.–21. 9.	Cana
22. 9.– 4.10.	Morte
5.10.–17.10.	Chuva
18.10.–30.10.	Erva
31.10.–12.11.	Serpente
13.11.–25.11.	Pederneira
26.11.– 8.12.	Macaco
9.12.–21.12.	Lagarto
22.12.–31.12.	Terremoto

1945

1. 1.– 7. 1.	Crocodilo
8. 1.–20. 1.	Jaguar
21. 1.– 2. 2.	Veado
3. 2.–15. 2.	Flor
16. 2.– 1. 3.	Cana
2. 3.–14. 3.	Vento
15. 3.–27. 3.	Águia
28. 3.– 9. 4.	Coelho
10. 4.–22. 4.	Crocodilo
23. 4.– 5. 5.	Jaguar
6. 5.–18. 5.	Veado
19. 5.–31. 5.	Flor
1. 6.–13. 6.	Cana
14. 6.–26. 6.	Morte
27. 6.– 9. 7.	Chuva
10. 7.–22. 7.	Erva
23. 7.– 4. 8.	Serpente
5. 8.–17. 8.	Pederneira
18. 8.–30. 8.	Macaco
31. 8.–12. 9.	Lagarto
13. 9.–25. 9.	Terremoto
26. 9.– 8.10.	Cão
9.10.–21.10.	Casa
22.10.– 3.11.	Abutre
4.11.–16.11.	Pederneira
17.11.–29.11.	Vento
30.11.–12.12.	Águia
13.12.–25.12.	Coelho
26.12.–31.12.	Crocodilo

1946

1. 1.–11. 1.	Serpente
12. 1.–24. 1.	Pederneira
25. 1.– 6. 2.	Macaco
7. 2.–19. 2.	Lagarto
20. 2.– 5. 3.	Terremoto
6. 3.–18. 3.	Morte
19. 3.–31. 3.	Chuva
1. 4.–13. 4.	Erva
14. 4.–26. 4.	Serpente
27. 4.– 9. 5.	Pederneira
10. 5.–22. 5.	Macaco
23. 5.– 4. 6.	Lagarto
5. 6.–17. 6.	Terremoto
18. 6.–30. 6.	Cão
1. 7.–13. 7.	Casa
14. 7.–26. 7.	Abutre
27. 7.– 8. 8.	Água
9. 8.–21. 8.	Vento
22. 8.– 3. 9.	Águia
4. 9.–16. 9.	Coelho
17. 9.–29. 9.	Crocodilo
30. 9.–12.10.	Jaguar
13.10.–25.10.	Veado
26.10.– 7.11.	Flor
8.11.–20.11.	Cana
21.11.– 3.12.	Morte
4.12.–16.12.	Chuva
17.12.–29.12.	Erva
30.12.–31.12.	Serpente

1947

1. 1.– 2. 1.	Abutre
3. 1.–15. 1.	Água
16. 1.–28. 1.	Vento
29. 1.–10. 2.	Águia
11. 2.–23. 2.	Coelho
24. 2.– 9. 3.	Terremoto
10. 3.–22. 3.	Cão
23. 3.– 4. 4.	Casa
5. 4.–17. 4.	Abutre
18. 4.–30. 4.	Água
1. 5.–13. 5.	Vento
14. 5.–26. 5.	Águia
27. 5.– 8. 6.	Coelho
9. 6.–21. 6.	Crocodilo
22. 6.– 4. 7.	Jaguar
5. 7.–17. 7.	Veado
18. 7.–30. 7.	Flor
31. 7.–12. 8.	Cana
13. 8.–25. 8.	Morte
26. 8.– 7. 9.	Chuva
8. 9.–20. 9.	Erva
21. 9.– 3.10.	Serpente
4.10.–16.10.	Pederneira
17.10.–29.10.	Macaco
30.10.–11.11.	Lagarto
12.11.–24.11.	Terremoto
25.11.– 7.12.	Cão
8.12.–20.12.	Casa
21.12.–31.12.	Abutre

1948

1. 1.– 6. 1.	Flor
7. 1.–19. 1.	Cana
20. 1.– 1. 2.	Morte
2. 2.–14. 2.	Chuva
15. 2.–29. 2.	Erva
1. 3.–13. 3.	Crocodilo
14. 3.–26. 3.	Jaguar
27. 3.– 8. 4.	Veado
9. 4.–21. 4.	Flor
22. 4.– 4. 5.	Cana
5. 5.–17. 5.	Morte
18. 5.–30. 5.	Chuva
31. 5.–12. 6.	Erva
13. 6.–25. 6.	Serpente
26. 6.– 8. 7.	Pederneira
9. 7.–21. 7.	Macaco
22. 7.– 3. 8.	Lagarto
4. 8.–16. 8.	Terremoto
17. 8.–29. 8.	Cão
30. 8.–11. 9.	Casa
12. 9.–24. 9.	Abutre
25. 9.– 7.10.	Água
8.10.–20.10.	Vento
21.10.– 2.11.	Águia
3.11.–15.11.	Coelho
16.11.–28.11.	Crocodilo
29.11.–11.12.	Jaguar
12.12.–24.12.	Veado
25.12.–31.12.	Flor

1949	
1. 1.–10. 1.	Lagarto
11. 1.–23. 1.	Terremoto
24. 1.– 5. 2.	Cão
6. 2.–18. 2.	Casa
19. 2.– 4. 3.	Abutre
5. 3.–17. 3.	Serpente
18. 3.–30. 3.	Pederneira
31. 3.–12. 4.	Macaco
13. 4.–25. 4.	Lagarto
26. 4.– 8. 5.	Terremoto
9. 5.–21. 5.	Cão
22. 5.– 3. 6.	Casa
4. 6.–16. 6.	Abutre
17. 6.–29. 6.	Água
30. 6.–12. 7.	Vento
13. 7.–25. 7.	Águia
26. 7.– 7. 8.	Coelho
8. 8.–20. 8.	Crocodilo
21. 8.– 2. 9.	Jaguar
3. 9.–15. 9.	Veado
16. 9.–28. 9.	Flor
29. 9.–11.10.	Cana
12.10.–24.10.	Morte
25.10.– 6.11.	Chuva
7.11.–19.11.	Erva
20.11.– 2.12.	Serpente
3.12.–15.12.	Pederneira
16.12.–28.12.	Macaco
29.12.–31.12.	Lagarto

1950	
1. 1.	Águia
2. 1.–14. 1.	Coelho
15. 1.–27. 1.	Crocodilo
28. 1.– 9. 2.	Jaguar
10. 2.–22. 2.	Veado
23. 2.– 8. 3.	Flor
9. 3.–21. 3.	Água
22. 3.– 3. 4.	Vento
4. 4.–16. 4.	Águia
17. 4.–29. 4.	Coelho
30. 4.–12. 5.	Crocodilo
13. 5.–25. 5.	Jaguar
26. 5.– 7. 6.	Veado
8. 6.–20. 6.	Flor
21. 6.– 3. 7.	Cana
4. 7.–16. 7.	Morte
17. 7.–29. 7.	Chuva
30. 7.–11. 8.	Erva
12. 8.–24. 8.	Serpente
25. 8.– 6. 9.	Pederneira
7. 9.–19. 9.	Macaco
20. 9.– 2.10.	Lagarto
3.10.–15.10.	Terremoto
16.10.–28.10.	Cão
29.10.–10.11.	Casa
11.11.–23.11.	Abutre
24.11.– 6.12.	Água
7.12.–19.12.	Vento
20.12.–31.12.	Águia

1951

1. 1.– 5. 1.	Chuva
6. 1.–18. 1.	Erva
19. 1.–31. 1.	Serpente
1. 2.–13. 2.	Pederneira
14. 2.– 3. 3.	Macaco
4. 3.–12. 3.	Flor
13. 3.–25. 3.	Cana
26. 3.– 7. 4.	Morte
8. 4.–20. 4.	Chuva
21. 4.– 3. 5.	Erva
4. 5.–16. 5.	Serpente
17. 5.–29. 5.	Pederneira
30. 5.–11. 6.	Macaco
12. 6.–24. 6.	Lagarto
25. 6.– 7. 7.	Terremoto
8. 7.–20. 7.	Cão
21. 7.– 2. 8.	Casa
3. 8.–15. 8.	Abutre
16. 8.–28. 8.	Água
29. 8.–10. 9.	Vento
11. 9.–23. 9.	Águia
24. 9.– 6.10.	Coelho
7.10.–19.10.	Crocodilo
20.10.– 1.11.	Jaguar
2.11.–14.11.	Veado
15.11.–27.11.	Flor
28.11.–10.12.	Cana
11.12.–23.12.	Morte
24.12.–31.12.	Chuva

1952

1. 1.– 9. [illegible]	[illegible]
10. 1.–22. 1.	[illegible]
23. 1.– 4. 2.	[illegible]
5. 2.–17. 2.	[illegible]
18. 2.– 3. 3.	[illegible]
4. 3.–16. 3.	Lagarto
17. 3.–29. 3.	Terremoto
30. 3.–11. 4.	Cão
12. 4.–24. 4.	Casa
25. 4.– 7. 5.	Abutre
8. 5.–20. 5.	Água
21. 5.– 2. 6.	Vento
3. 6.–15. 6.	Águia
16. 6.–28. 6.	Coelho
29. 6.–11. 7.	Crocodilo
12. 7.–24. 7.	Jaguar
25. 7.– 6. 8.	Veado
7. 8.–19. 8.	Flor
20. 8.– 1. 9.	Cana
2. 9.–14. 9.	Morte
15. 9.–27. 9.	Chuva
28. 9.–10.10.	Erva
11.10.–23.10.	Serpente
24.10.– 5.11.	Pederneira
6.11.–18.11.	Macaco
19.11.– 1.12.	Lagarto
2.12.–14.12.	Terremoto
15.12.–27.12.	Cão
28.12.–31.12.	Casa

. 1.–13. 1.	Veado
14. 1.–26. 1.	Flor
27. 1.– 8. 2.	Cana
9. 2.–21. 2.	Morte
22. 2.– 7. 3.	Chuva
8. 3.–20. 3.	Coelho
21. 3.– 2. 4.	Crocodilo
3. 4.–15. 4.	Jaguar
16. 4.–28. 4.	Veado
29. 4.–11. 5.	Flor
12. 5.–24. 5.	Cana
25. 5.– 6. 6.	Morte
7. 6.–19. 6.	Chuva
20. 6.– 2. 7.	Erva
3. 7.–15. 7.	Serpente
16. 7.–28. 7.	Pederneira
29. 7.–10. 8.	Macaco
11. 8.–23. 8.	Lagarto
24. 8.– 5. 9.	Terremoto
6. 9.–18. 9.	Cão
19. 9.– 1.10.	Casa
2.10.–14.10.	Abutre
15.10.–27.10.	Água
28.10.– 9.11.	Vento
10.11.–22.11.	Águia
23.11.– 5.12.	Coelho
6.12.–18.12.	Crocodilo
19.12.–31.12.	Jaguar

1954

1. 1.– 4. 1.	Pederneira
5. 1.–17. 1.	Macaco
18. 1.–30. 1.	Lagarto
31. 1.–12. 2.	Terremoto
13. 2.– 1. 3.	Cão
2. 3.–11. 3.	Chuva
12. 3.–24. 3.	Erva
25. 3.– 6. 4.	Serpente
7. 4.–19. 4.	Pederneira
20. 4.– 2. 5.	Macaco
3. 5.–15. 5.	Lagarto
16. 5.–28. 5.	Terremoto
29. 5.–10. 6.	Cão
11. 6.–23. 6.	Casa
24. 6.– 6. 7.	Abutre
7. 7.–19. 7.	Água
20. 7.– 1. 8.	Vento
2. 8.–14. 8.	Águia
15. 8.–27. 8.	Coelho
28. 8.– 9. 9.	Crocodilo
10. 9.–22. 9.	Jaguar
23. 9.– 5.10.	Veado
6.10.–18.10.	Flor
19.10.–31.10.	Cana
1.11.–13.11.	Morte
14.11.–26.11.	Chuva
27.11.– 9.12.	Erva
10.12.–22.12.	Serpente
23.12.–31.12.	Pederneira

1955	
1. 1.– 8. 1.	Vento
9. 1.–21. 1.	Águia
22. 1.– 3. 2.	Coelho
4. 2.–16. 2.	Crocodilo
17. 2.– 2. 3.	Jaguar
3. 3.–15. 3.	Casa
16. 3.–28. 3.	Abutre
29. 3.–10. 4.	Água
11. 4.–23. 4.	Vento
24. 4.– 6. 5.	Águia
7. 5.–19. 5.	Coelho
20. 5.– 1. 6.	Crocodilo
2. 6.–14. 6.	Jaguar
15. 6.–27. 6.	Veado
28. 6.–10. 7.	Flor
11. 7.–23. 7.	Cana
24. 7.– 5. 8.	Morte
6. 8.–18. 8.	Chuva
19. 8.–31. 8.	Erva
1. 9.–13. 9.	Serpente
14. 9.–26. 9.	Pederneira
27. 9.– 9.10.	Macaco
10.10.–22.10.	Lagarto
23.10.– 4.11.	Terremoto
5.11.–17.11.	Cão
18.11.–30.11.	Casa
1.12.–13.12.	Abutre
14.12.–26.12.	Água
27.12.–31.12.	Vento

1956	
1. 1.–12. 1.	Morte
13. 1.–25. 1.	Chuva
26. 1.– 7. 2.	Erva
8. 2.–20. 2.	Serpente
21. 2.– 6. 3.	Pederneira
7. 3.–19. 3.	Veado
20. 3.– 1. 4.	Flor
2. 4.–14. 4.	Cana
15. 4.–27. 4.	Morte
28. 4.–10. 5.	Chuva
11. 5.–23. 5.	Erva
24. 5.– 5. 6.	Serpente
6. 6.–18. 6.	Pederneira
19. 6.– 1. 7.	Macaco
2. 7.–14. 7.	Lagarto
15. 7.–27. 7.	Terremoto
28. 7.– 9. 8.	Cão
10. 8.–22. 8.	Casa
23. 8.– 4. 9.	Abutre
5. 9.–17. 9.	Água
18. 9.–30. 9.	Vento
1.10.–13.10.	Águia
14.10.–26.10.	Coelho
27.10.– 8.11.	Crocodilo
9.11.–21.11.	Jaguar
22.11.– 4.12.	Veado
5.12.–17.12.	Flor
18.12.–30.12.	Cana
31.12.	Morte

1957		**1958**	
1. 1.– 3. 1.	Terremoto	1. 1.– 7. 1.	Crocodilo
4. 1.–16. 1.	Cão	8. 1.–20. 1.	Jaguar
17. 1.–29. 1.	Casa	21. 1.– 2. 2.	Veado
30. 1.–11. 2.	Abutre	3. 2.–15. 2.	Flor
12. 2.– 1. 3.	Água	16. 2.– 1. 3.	Cana
2. 3.–10. 3.	Pederneira	2. 3.–14. 3.	Vento
11. 3.–23. 3.	Macaco	15. 3.–27. 3.	Águia
24. 3.– 5. 4.	Lagarto	28. 3.– 9. 4.	Coelho
6. 4.–18. 4.	Terremoto	10. 4.–22. 4.	Crocodilo
19. 4.– 1. 5.	Cão	23. 4.– 5. 5.	Jaguar
2. 5.–14. 5.	Casa	6. 5.–18. 5.	Veado
15. 5.–27. 5.	Abutre	19. 5.–31. 5.	Flor
28. 5.– 9. 6.	Água	1. 6.–13. 6.	Cana
10. 6.–22. 6.	Vento	14. 6.–26. 6.	Morte
23. 6.– 5. 7.	Águia	27. 6.– 9. 7.	Chuva
6. 7.–18. 7.	Coelho	10. 7.–22. 7.	Erva
19. 7.–31. 7.	Crocodilo	23. 7.– 4. 8.	Serpente
1. 8.–13. 8.	Jaguar	5. 8.–17. 8.	Pederneira
14. 8.–26. 8.	Veado	18. 8.–30. 8.	Macaco
27. 8.– 8. 9.	Flor	31. 8.–12. 9.	Lagarto
9. 9.–21. 9.	Cana	13. 9.–25. 9.	Terremoto
22. 9.– 4.10.	Morte	26. 9.– 8.10.	Cão
5.10.–17.10.	Chuva	9.10.–21.10.	Casa
18.10.–30.10.	Erva	22.10.– 3.11.	Abutre
31.10.–12.11.	Serpente	4.11.–16.11.	Pederneira
13.11.–25.11.	Pederneira	17.11.–29.11.	Vento
26.11.– 8.12.	Macaco	30.11.–12.12.	Águia
9.12.–21.12.	Lagarto	13.12.–25.12.	Coelho
22.12.–31.12.	Terremoto	26.12.–31.12.	Crocodilo

1959

1. 1.–11. 1.	Serpente
12. 1.–24. 1.	Pederneira
25. 1.– 6. 2.	Macaco
7. 2.–19. 2.	Lagarto
20. 2.– 5. 3.	Terremoto
6. 3.–18. 3.	Morte
19. 3.–31. 3.	Chuva
1. 4.–13. 4.	Erva
14. 4.–26. 4.	Serpente
27. 4.– 9. 5.	Pederneira
10. 5.–22. 5.	Macaco
23. 5.– 4. 6.	Lagarto
5. 6.–17. 6.	Terremoto
18. 6.–30. 6.	Cão
1. 7.–13. 7.	Casa
14. 7.–26. 7.	Abutre
27. 7.– 8. 8.	Água
9. 8.–21. 8.	Vento
22. 8.– 3. 9.	Águia
4. 9.–16. 9.	Coelho
17. 9.–29. 9.	Crocodilo
30. 9.–12.10.	Jaguar
13.10.–25.10.	Veado
26.10.– 7.11.	Flor
8.11.–20.11.	Cana
21.11.– 3.12.	Morte
4.12.–16.12.	Chuva
17.12.–29.12.	Erva
30.12.–31.12.	Serpente

1960

1. 1.– 2. 1.	Abutre
3. 1.–15. 1.	Água
16. 1.–28. 1.	Vento
29. 1.–10. 2.	Águia
11. 2.–23. 2.	Coelho
24. 2.– 9. 3.	Terremoto
10. 3.–22. 3.	Cão
23. 3.– 4. 4.	Casa
5. 4.–17. 4.	Abutre
18. 4.–30. 4.	Água
1. 5.–13. 5.	Vento
14. 5.–26. 5.	Águia
27. 5.– 8. 6.	Coelho
9. 6.–21. 6.	Crocodilo
22. 6.– 4. 7.	Jaguar
5. 7.–17. 7.	Veado
18. 7.–30. 7.	Flor
31. 7.–12. 8.	Cana
13. 8.–25. 8.	Morte
26. 8.– 7. 9.	Chuva
8. 9.–20. 9.	Erva
21. 9.– 3.10.	Serpente
4.10.–16.10.	Pederneira
17.10.–29.10.	Macaco
30.10.–11.11.	Lagarto
12.11.–24.11.	Terremoto
25.11.– 7.12.	Cão
8.12.–20.12.	Casa
21.12.–31.12.	Abutre

1961

1. 1.– 6. 3.	Flor
7. 1.–19. 1.	Cana
20. 1.– 1. 2.	Morte
2. 2.–14. 2.	Chuva
15. 2.–29. 2.	Erva
1. 3.–13. 3.	Crocodilo
14. 3.–26. 3.	Jaguar
27. 3.– 8. 4.	Veado
9. 4.–21. 4.	Flor
22. 4.– 4. 5.	Cana
5. 5.–17. 5.	Morte
18. 5.–30. 5.	Chuva
31. 5.–12. 6.	Erva
13. 6.–25. 6.	Serpente
26. 6.– 8. 7.	Pederneira
9. 7.–21. 7.	Macaco
22. 7.– 3. 8.	Lagarto
4. 8.–16. 8.	Terremoto
17. 8.–29. 8.	Cão
30. 8.–11. 9.	Casa
12. 9.–24. 9.	Abutre
25. 9.– 7.10.	Água
8.10.–20.10.	Vento
21.10.– 2.11.	Águia
3.11.–15.11.	Coelho
16.11.–28.11.	Crocodilo
29.11.–11.12.	Jaguar
12.12.–24.12.	Veado
25.12.–31.12.	Flor

1962

1. 1.–10. 1.	Lagarto
11. 1.–23. 1.	Terremoto
24. 1.– 5. 2.	Cão
6. 2.–18. 2.	Casa
19. 2.– 4. 3.	Abutre
5. 3.–17. 3.	Serpente
18. 3.–30. 3.	Pederneira
31. 3.–12. 4.	Macaco
13. 4.–25. 4.	Lagarto
26. 4.– 8. 5.	Terremoto
9. 5.–21. 5.	Cão
22. 5.– 3. 6.	Casa
4. 6.–16. 6.	Abutre
17. 6.–29. 6.	Água
30. 6.–12. 7.	Vento
13. 7.–25. 7.	Águia
26. 7.– 7. 8.	Coelho
8. 8.–20. 8.	Crocodilo
21. 8.– 2. 9.	Jaguar
3. 9.–15. 9.	Veado
16. 9.–28. 9.	Flor
29. 9.–11.10.	Cana
12.10.–24.10.	Morte
25.10.– 6.11.	Chuva
7.11.–19.11.	Erva
20.11.– 2.12.	Serpente
3.12.–15.12.	Pederneira
16.12.–28.12.	Macaco
29.12.–31.12.	Lagarto

1963

1. 1.	Águia
2. 1.–14. 1.	Coelho
15. 1.–27. 1.	Crocodilo
28. 1.– 9. 2.	Jaguar
10. 2.–22. 2.	Veado
23. 2.– 8. 3.	Flor
9. 3.–21. 3.	Água
22. 3.– 3. 4.	Vento
4. 4.–16. 4.	Águia
17. 4.–29. 4.	Coelho
30. 4.–12. 5.	Crocodilo
13. 5.–25. 5.	Jaguar
26. 5.– 7. 6.	Veado
8. 6.–20. 6.	Flor
21. 6.– 3. 7.	Cana
4. 7.–16. 7.	Morte
17. 7.–29. 7.	Chuva
30. 7.–11. 8.	Erva
12. 8.–24. 8.	Serpente
25. 8.– 6. 9.	Pederneira
7. 9.–19. 9.	Macaco
20. 9.– 2.10.	Lagarto
3.10.–15.10.	Terremoto
16.10.–28.10.	Cão
29.10.–10.11.	Casa
11.11.–23.11.	Abutre
24.11.– 6.12.	Água
7.12.–19.12.	Vento
20.12.–31.12.	Águia

1964

1. 1.– 5. 1.	Chuva
6. 1.–18. 1.	Erva
19. 1.–31. 1.	Serpente
1. 2.–13. 2.	Pederneira
14. 2.– 3. 3.	Macaco
4. 3.–12. 3.	Flor
13. 3.–25. 3.	Cana
26. 3.– 7. 4.	Morte
8. 4.–20. 4.	Chuva
21. 4.– 3. 5.	Erva
4. 5.–16. 5.	Serpente
17. 5.–29. 5.	Pederneira
30. 5.–11. 6.	Macaco
12. 6.–24. 6.	Lagarto
25. 6.– 7. 7.	Terremoto
8. 7.–20. 7.	Cão
21. 7.– 2. 8.	Casa
3. 8.–15. 8.	Abutre
16. 8.–28. 8.	Água
29. 8.–10. 9.	Vento
11. 9.–23. 9.	Águia
24. 9.– 6.10.	Coelho
7.10.–19.10.	Crocodilo
20.10.– 1.11.	Jaguar
2.11.–14.11.	Veado
15.11.–27.11.	Flor
28.11.–10.12.	Cana
11.12.–23.12.	Morte
24.12.–31.12.	Chuva

1965	
1. 1.– 9. 1.	Casa
10. 1.–22. 1.	Abutre
23. 1.– 4. 2.	Água
5. 2.–17. 2.	Vento
18. 2.– 3. 3.	Águia
4. 3.–16. 3.	Lagarto
17. 3.–29. 3.	Terremoto
30. 3.–11. 4.	Cão
12. 4.–24. 4.	Casa
25. 4.– 7. 5.	Abutre
8. 5.–20. 5.	Água
21. 5.– 2. 6.	Vento
3. 6.–15. 6.	Águia
16. 6.–28. 6.	Coelho
29. 6.–11. 7.	Crocodilo
12. 7.–24. 7.	Jaguar
25. 7.– 6. 8.	Veado
7. 8.–19. 8.	Flor
20. 8.– 1. 9.	Cana
2. 9.–14. 9.	Morte
15. 9.–27. 9.	Chuva
28. 9.–10.10.	Erva
11.10.–23.10.	Serpente
24.10.– 5.11.	Pederneira
6.11.–18.11.	Macaco
19.11.– 1.12.	Lagarto
2.12.–14.12.	Terremoto
15.12.–27.12.	Cão
28.12.–31.12.	Casa

1966	
1. 1.–13. 1.	Veado
14. 1.–26. 1.	Flor
27. 1.– 8. 2.	Cana
9. 2.–21. 2.	Morte
22. 2.– 7. 3.	Chuva
8. 3.–20. 3.	Coelho
21. 3.– 2. 4.	Crocodilo
3. 4.–15. 4.	Jaguar
16. 4.–28. 4.	Veado
29. 4.–11. 5.	Flor
12. 5.–24. 5.	Cana
25. 5.– 6. 6.	Morte
7. 6.–19. 6.	Chuva
20. 6.– 2. 7.	Erva
3. 7.–15. 7.	Serpente
16. 7.–28. 7.	Pederneira
29. 7.–10. 8.	Macaco
11. 8.–23. 8.	Lagarto
24. 8.– 5. 9.	Terremoto
6. 9.–18. 9.	Cão
19. 9.– 1.10.	Casa
2.10.–14.10.	Abutre
15.10.–27.10.	Água
28.10.– 9.11.	Vento
10.11.–22.11.	Águia
23.11.– 5.12.	Coelho
6.12.–18.12.	Crocodilo
19.12.–31.12.	Jaguar

1967

1. 1.– 4. 1.	Pederneira
5. 1.–17. 1.	Macaco
18. 1.–30. 1.	Lagarto
31. 1.–12. 2.	Terremoto
13. 2.– 1. 3.	Cão
2. 3.–11. 3.	Chuva
12. 3.–24. 3.	Erva
25. 3.– 6. 4.	Serpente
7. 4.–19. 4.	Pederneira
20. 4.– 2. 5.	Macaco
3. 5.–15. 5.	Lagarto
16. 5.–28. 5.	Terremoto
29. 5.–10. 6.	Cão
11. 6.–23. 6.	Casa
24. 6.– 6. 7.	Abutre
7. 7.–19. 7.	Água
20. 7.– 1. 8.	Vento
2. 8.–14. 8.	Águia
15. 8.–27. 8.	Coelho
28. 8.– 9. 9.	Crocodilo
10. 9.–22. 9.	Jaguar
23. 9.– 5.10.	Veado
6.10.–18.10.	Flor
19.10.–31.10.	Cana
1.11.–13.11.	Morte
14.11.–26.11.	Chuva
27.11.– 9.12.	Erva
10.12.–22.12.	Serpente
23.12.–31.12.	Pederneira

1968

1. 1.– 8. 1.	Vento
9. 1.–21. 1.	Águia
22. 1.– 3. 2.	Coelho
4. 2.–16. 2.	Crocodilo
17. 2.– 2. 3.	Jaguar
3. 3.–15. 3.	Casa
16. 3.–28. 3.	Abutre
29. 3.–10. 4.	Água
11. 4.–23. 4.	Vento
24. 4.– 6. 5.	Águia
7. 5.–19. 5.	Coelho
20. 5.– 1. 6.	Crocodilo
2. 6.–14. 6.	Jaguar
15. 6.–27. 6.	Veado
28. 6.–10. 7.	Flor
11. 7.–23. 7.	Cana
24. 7.– 5. 8.	Morte
6. 8.–18. 8.	Chuva
19. 8.–31. 8.	Erva
1. 9.–13. 9.	Serpente
14. 9.–26. 9.	Pederneira
27. 9.– 9.10.	Macaco
10.10.–22.10.	Lagarto
23.10.– 4.11.	Terremoto
5.11.–17.11.	Cão
18.11.–30.11.	Casa
1.12.–13.12.	Abutre
14.12.–26.12.	Água
27.12.–31.12.	Vento

1969	
1. 1.–12. 1.	Morte
13. 1.–25. 1.	Chuva
26. 1.– 7. 2.	Erva
8. 2.–20. 2.	Serpente
21. 2.– 6. 3.	Pederneira
7. 3.–19. 3.	Veado
20. 3.– 1. 4.	Flor
2. 4.–14. 4.	Cana
15. 4.–27. 4.	Morte
28. 4.–10. 5.	Chuva
11. 5.–23. 5.	Erva
24. 5.– 5. 6.	Serpente
6. 6.–18. 6.	Pederneira
19. 6.– 1. 7.	Macaco
2. 7.–14. 7.	Lagarto
15. 7.–27. 7.	Terremoto
28. 7.– 9. 8.	Cão
10. 8.–22. 8.	Casa
23. 8.– 4. 9.	Abutre
5. 9.–17. 9.	Água
18. 9.–30. 9.	Vento
1.10.–13.10.	Águia
14.10.–26.10.	Coelho
27.10.– 8.11.	Crocodilo
9.11.–21.11.	Jaguar
22.11.– 4.12.	Veado
5.12.–17.12.	Flor
18.12.–30.12.	Cana
31.12.	Morte

1970	
1. 1.– 3. 1.	Terremoto
4. 1.–16. 1.	Cão
17. 1.–29. 1.	Casa
30. 1.–11. 2.	Abutre
12. 2.– 1. 3.	Água
2. 3.–10. 3.	Pederneira
11. 3.–23. 3.	Macaco
24. 3.– 5. 4.	Lagarto
6. 4.–18. 4.	Terremoto
19. 4.– 1. 5.	Cão
2. 5.–14. 5.	Casa
15. 5.–27. 5.	Abutre
28. 5.– 9. 6.	Água
10. 6.–22. 6.	Vento
23. 6.– 5. 7.	Águia
6. 7.–18. 7.	Coelho
19. 7.–31. 7.	Crocodilo
1. 8.–13. 8.	Jaguar
14. 8.–26. 8.	Veado
27. 8.– 8. 9.	Flor
9. 9.–21. 9.	Cana
22. 9.– 4.10.	Morte
5.10.–17.10.	Chuva
18.10.–30.10.	Erva
31.10.–12.11.	Serpente
13.11.–25.11.	Pederneira
26.11.– 8.12.	Macaco
9.12.–21.12.	Lagarto
22.12.–31.12.	Terremoto

1971		**1972**	
1. 1.– 7. 1.	Crocodilo	1. 1.–11. 1.	Serpente
8. 1.–20. 1.	Jaguar	12. 1.–24. 1.	Pederneira
21. 1.– 2. 2.	Veado	25. 1.– 6. 2.	Macaco
3. 2.–15. 2.	Flor	7. 2.–19. 2.	Lagarto
16. 2.– 1. 3.	Cana	20. 2.– 5. 3.	Terremoto
2. 3.–14. 3.	Vento	6. 3.–18. 3.	Morte
15. 3.–27. 3.	Águia	19. 3.–31. 3.	Chuva
28. 3.– 9. 4.	Coelho	1. 4.–13. 4.	Erva
10. 4.–22. 4.	Crocodilo	14. 4.–26. 4.	Serpente
23. 4.– 5. 5.	Jaguar	27. 4.– 9. 5.	Pederneira
6. 5.–18. 5.	Veado	10. 5.–22. 5.	Macaco
19. 5.–31. 5.	Flor	23. 5.– 4. 6.	Lagarto
1. 6.–13. 6.	Cana	5. 6.–17. 6.	Terremoto
14. 6.–26. 6.	Morte	18. 6.–30. 6.	Cão
27. 6.– 9. 7.	Chuva	1. 7.–13. 7.	Casa
10. 7.–22. 7.	Erva	14. 7.–26. 7.	Abutre
23. 7.– 4. 8.	Serpente	27. 7.– 8. 8.	Água
5. 8.–17. 8.	Pederneira	9. 8.–21. 8.	Vento
18. 8.–30. 8.	Macaco	22. 8.– 3. 9.	Águia
31. 8.–12. 9.	Lagarto	4. 9.–16. 9.	Coelho
13. 9.–25. 9.	Terremoto	17. 9.–29. 9.	Crocodilo
26. 9.– 8.10.	Cão	30. 9.–12.10.	Jaguar
9.10.–21.10.	Casa	13.10.–25.10.	Veado
22.10.– 3.11.	Abutre	26.10.– 7.11.	Flor
4.11.–16.11.	Pederneira	8.11.–20.11.	Cana
17.11.–29.11.	Vento	21.11.– 3.12.	Morte
30.11.–12.12.	Águia	4.12.–16.12.	Chuva
13.12.–25.12.	Coelho	17.12.–29.12.	Erva
26.12.–31.12.	Crocodilo	30.12.–31.12.	Serpente

[illegible].	Abutre
[illegible] 1.	Água
[illegible]8. 1.	Vento
[illegible]-10. 2.	Águia
11. [illegible].–23. 2.	Coelho
24. 2.– 9. 3.	Terremoto
10. 3.–22. 3.	Cão
23. 3.– 4. 4.	Casa
5. 4.–17. 4.	Abutre
18. 4.–30. 4.	Água
1. 5.–13. 5.	Vento
14. 5.–26. 5.	Águia
27. 5.– 8. 6.	Coelho
9. 6.–21. 6.	Crocodilo
22. 6.– 4. 7.	Jaguar
5. 7.–17. 7.	Veado
18. 7.–30. 7.	Flor
31. 7.–12. 8.	Cana
13. 8.–25. 8.	Morte
26. 8.– 7. 9.	Chuva
8. 9.–20. 9.	Erva
21. 9.– 3.10.	Serpente
4.10.–16.10.	Pederneira
17.10.–29.10.	Macaco
30.10.–11.11.	Lagarto
12.11.–24.11.	Terremoto
25.11.– 7.12.	Cão
8.12.–20.12.	Casa
21.12.–31.12.	Abutre

1974

1. 1.– 6. 1.	Flor
7. 1.–19. 1.	Cana
20. 1.– 1. 2.	Morte
2. 2.–14. 2.	Chuva
15. 2.–29. 2.	Erva
1. 3.–13. 3.	Crocodilo
14. 3.–26. 3.	Jaguar
27. 3.– 8. 4.	Veado
9. 4.–21. 4.	Flor
22. 4.– 4. 5.	Cana
5. 5.–17. 5.	Morte
18. 5.–30. 5.	Chuva
31. 5.–12. 6.	Erva
13. 6.–25. 6.	Serpente
26. 6.– 8. 7.	Pederneira
9. 7.–21. 7.	Macaco
22. 7.– 3. 8.	Lagarto
4. 8.–16. 8.	Terremoto
17. 8.–29. 8.	Cão
30. 8.–11. 9.	Casa
12. 9.–24. 9.	Abutre
25. 9.– 7.10.	Água
8.10.–20.10.	Vento
21.10.– 2.11.	Águia
3.11.–15.11.	Coelho
16.11.–28.11.	Crocodilo
29.11.–11.12.	Jaguar
12.12.–24.12.	Veado
25.12.–31.12.	Flor

1975

1. 1.–10. 1.	Lagarto
11. 1.–23. 1.	Terremoto
24. 1.– 5. 2.	Cão
6. 2.–18. 2.	Casa
19. 2.– 4. 3.	Abutre
5. 3.–17. 3.	Serpente
18. 3.–30. 3.	Pederneira
31. 3.–12. 4.	Macaco
13. 4.–25. 4.	Lagarto
26. 4.– 8. 5.	Terremoto
9. 5.–21. 5.	Cão
22. 5.– 3. 6.	Casa
4. 6.–16. 6.	Abutre
17. 6.–29. 6.	Água
30. 6.–12. 7.	Vento
13. 7.–25. 7.	Águia
26. 7.– 7. 8.	Coelho
8. 8.–20. 8.	Crocodilo
21. 8.– 2. 9.	Jaguar
3. 9.–15. 9.	Veado
16. 9.–28. 9.	Flor
29. 9.–11.10.	Cana
12.10.–24.10.	Morte
25.10.– 6.11.	Chuva
7.11.–19.11.	Erva
20.11.– 2.12.	Serpente
3.12.–15.12.	Pederneira
16.12.–28.12.	Macaco
29.12.–31.12.	Lagarto

1976

1. 1.	Águia
2. 1.–14. 1.	Coelho
15. 1.–27. 1.	Crocodilo
28. 1.– 9. 2.	Jaguar
10. 2.–22. 2.	Veado
23. 2.– 8. 3.	Flor
9. 3.–21. 3.	Água
22. 3.– 3. 4.	Vento
4. 4.–16. 4.	Águia
17. 4.–29. 4.	Coelho
30. 4.–12. 5.	Crocodilo
13. 5.–25. 5.	Jaguar
26. 5.– 7. 6.	Veado
8. 6.–20. 6.	Flor
21. 6.– 3. 7.	Cana
4. 7.–16. 7.	Morte
17. 7.–29. 7.	Chuva
30. 7.–11. 8.	Erva
12. 8.–24. 8.	Serpente
25. 8.– 6. 9.	Pederneira
7. 9.–19. 9.	Macaco
20. 9.– 2.10.	Lagarto
3.10.–15.10.	Terremoto
16.10.–28.10.	Cão
29.10.–10.11.	Casa
11.11.–23.11.	Abutre
24.11.– 6.12.	Água
7.12.–19.12.	Vento
20.12.–31.12.	Águia

1977

1. 1.– 5. 1.	Chuva
6. 1.–18. 1.	Erva
19. 1.–31. 1.	Serpente
1. 2.–13. 2.	Pederneira
14. 2.– 3. 3.	Macaco
4. 3.–12. 3.	Flor
13. 3.–25. 3.	Cana
26. 3.– 7. 4.	Morte
8. 4.–20. 4.	Chuva
21. 4.– 3. 5.	Erva
4. 5.–16. 5.	Serpente
17. 5.–29. 5.	Pederneira
30. 5.–11. 6.	Macaco
12. 6.–24. 6.	Lagarto
25. 6.– 7. 7.	Terremoto
8. 7.–20. 7.	Cão
21. 7.– 2. 8.	Casa
3. 8.–15. 8.	Abutre
16. 8.–28. 8.	Água
29. 8.–10. 9.	Vento
11. 9.–23. 9.	Águia
24. 9.– 6.10.	Coelho
7.10.–19.10.	Crocodilo
20.10.– 1.11.	Jaguar
2.11.–14.11.	Veado
15.11.–27.11.	Flor
28.11.–10.12.	Cana
11.12.–23.12.	Morte
24.12.–31.12.	Chuva

1978

1. 1.– 9. 1.	Casa
10. 1.–22. 1.	Abutre
23. 1.– 4. 2.	Água
5. 2.–17. 2.	Vento
18. 2.– 3. 3.	Águia
4. 3.–16. 3.	Lagarto
17. 3.–29. 3.	Terremoto
30. 3.–11. 4.	Cão
12. 4.–24. 4.	Casa
25. 4.– 7. 5.	Abutre
8. 5.–20. 5.	Água
21. 5.– 2. 6.	Vento
3. 6.–15. 6.	Águia
16. 6.–28. 6.	Coelho
29. 6.–11. 7.	Crocodilo
12. 7.–24. 7.	Jaguar
25. 7.– 6. 8.	Veado
7. 8.–19. 8.	Flor
20. 8.– 1. 9.	Cana
2. 9.–14. 9.	Morte
15. 9.–27. 9.	Chuva
28. 9.–10.10.	Erva
11.10.–23.10.	Serpente
24.10.– 5.11.	Pederneira
6.11.–18.11.	Macaco
19.11.– 1.12.	Lagarto
2.12.–14.12.	Terremoto
15.12.–27.12.	Cão
28.12.–31.12.	Casa

1979	
1. 1.–13. 1.	Veado
14. 1.–26. 1.	Flor
27. 1.– 8. 2.	Cana
9. 2.–21. 2.	Morte
22. 2.– 7. 3.	Chuva
8. 3.–20. 3.	Coelho
21. 3.– 2. 4.	Crocodilo
3. 4.–15. 4.	Jaguar
16. 4.–28. 4.	Veado
29. 4.–11. 5.	Flor
12. 5.–24. 5.	Cana
25. 5.– 6. 6.	Morte
7. 6.–19. 6.	Chuva
20. 6.– 2. 7.	Erva
3. 7.–15. 7.	Serpente
16. 7.–28. 7.	Pederneira
29. 7.–10. 8.	Macaco
11. 8.–23. 8.	Lagarto
24. 8.– 5. 9.	Terremoto
6. 9.–18. 9.	Cão
19. 9.– 1.10.	Casa
2.10.–14.10.	Abutre
15.10.–27.10.	Água
28.10.– 9.11.	Vento
10.11.–22.11.	Águia
23.11.– 5.12.	Coelho
6.12.–18.12.	Crocodilo
19.12.–31.12.	Jaguar

1980	
1. 1.– 4. 1.	Pederneira
5. 1.–17. 1.	Macaco
18. 1.–30. 1.	Lagarto
31. 1.–12. 2.	Terremoto
13. 2.– 1. 3.	Cão
2. 3.–11. 3.	Chuva
12. 3.–24. 3.	Erva
25. 3.– 6. 4.	Serpente
7. 4.–19. 4.	Pederneira
20. 4.– 2. 5.	Macaco
3. 5.–15. 5.	Lagarto
16. 5.–28. 5.	Terremoto
29. 5.–10. 6.	Cão
11. 6.–23. 6.	Casa
24. 6.– 6. 7.	Abutre
7. 7.–19. 7.	Água
20. 7.– 1. 8.	Vento
2. 8.–14. 8.	Águia
15. 8.–27. 8.	Coelho
28. 8.– 9. 9.	Crocodilo
10. 9.–22. 9.	Jaguar
23. 9.– 5.10.	Veado
6.10.–18.10.	Flor
19.10.–31.10.	Cana
1.11.–13.11.	Morte
14.11.–26.11.	Chuva
27.11.– 9.12.	Erva
10.12.–22.12.	Serpente
23.12.–31.12.	Pederneira

1981

1. 1.– 8. 1.	Vento
9. 1.–21. 1.	Águia
22. 1.– 3. 2.	Coelho
4. 2.–16. 2.	Crocodilo
17. 2.– 2. 3.	Jaguar
3. 3.–15. 3.	Casa
16. 3.–28. 3.	Abutre
29. 3.–10. 4.	Água
11. 4.–23. 4.	Vento
24. 4.– 6. 5.	Águia
7. 5.–19. 5.	Coelho
20. 5.– 1. 6.	Crocodilo
2. 6.–14. 6.	Jaguar
15. 6.–27. 6.	Veado
28. 6.–10. 7.	Flor
11. 7.–23. 7.	Cana
24. 7.– 5. 8.	Morte
6. 8.–18. 8.	Chuva
19. 8.–31. 8.	Erva
1. 9.–13. 9.	Serpente
14. 9.–26. 9.	Pederneira
27. 9.– 9.10.	Macaco
10.10.–22.10.	Lagarto
23.10.– 4.11.	Terremoto
5.11.–17.11.	Cão
18.11.–30.11.	Casa
1.12.–13.12.	Abutre
14.12.–26.12.	Água
27.12.–31.12.	Vento

1982

1. 1.–12. 1.	Morte
13. 1.–25. 1.	Chuva
26. 1.– 7. 2.	Erva
8. 2.–20. 2.	Serpente
21. 2.– 6. 3.	Pederneira
7. 3.–19. 3.	Veado
20. 3.– 1. 4.	Flor
2. 4.–14. 4.	Cana
15. 4.–27. 4.	Morte
28. 4.–10. 5.	Chuva
11. 5.–23. 5.	Erva
24. 5.– 5. 6.	Serpente
6. 6.–18. 6.	Pederneira
19. 6.– 1. 7.	Macaco
2. 7.–14. 7.	Lagarto
15. 7.–27. 7.	Terremoto
28. 7.– 9. 8.	Cão
10. 8.–22. 8.	Casa
23. 8.– 4. 9.	Abutre
5. 9.–17. 9.	Água
18. 9.–30. 9.	Vento
1.10.–13.10.	Águia
14.10.–26.10.	Coelho
27.10.– 8.11.	Crocodilo
9.11.–21.11.	Jaguar
22.11.– 4.12.	Veado
5.12.–17.12.	Flor
18.12.–30.12.	Cana
31.12.	Morte

1983

1. 1.– 3. 1.	Terremoto
4. 1.–16. 1.	Cão
17. 1.–29. 1.	Casa
30. 1.–11. 2.	Abutre
12. 2.– 1. 3.	Água
2. 3.–10. 3.	Pederneira
11. 3.–23. 3.	Macaco
24. 3.– 5. 4.	Lagarto
6. 4.–18. 4.	Terremoto
19. 4.– 1. 5.	Cão
2. 5.–14. 5.	Casa
15. 5.–27. 5.	Abutre
28. 5.– 9. 6.	Água
10. 6.–22. 6.	Vento
23. 6.– 5. 7.	Águia
6. 7.–18. 7.	Coelho
19. 7.–31. 7.	Crocodilo
1. 8.–13. 8.	Jaguar
14. 8.–26. 8.	Veado
27. 8.– 8. 9.	Flor
9. 9.–21. 9.	Cana
22. 9.– 4.10.	Morte
5.10.–17.10.	Chuva
18.10.–30.10.	Erva
31.10.–12.11.	Serpente
13.11.–25.11.	Pederneira
26.11.– 8.12.	Macaco
9.12.–21.12.	Lagarto
22.12.–31.12.	Terremoto

1984 veja 1971
1985 veja 1972
1986 veja 1973
1987 veja 1974
1988 veja 1975
1989 veja 1976
1990 veja 1977
1991 veja 1978
1992 veja 1979
1993 veja 1980
1994 veja 1981
1995 veja 1982
1996 veja 1983

O Teste dos Parceiros

Entre os 20 signos, podemos identificar qual o que se adapta melhor ao nosso. Consulte a tabela em que consta o seu signo. Encontrará os demais signos com a respectiva pontuação. Exemplo: Se você nasceu sob o signo de Crocodilo, combinará melhor com os nativos de Vento, de Crocodilo, de Casa, de Macaco, de Jaguar, de Abutre, de Chuva e de Flor.

O Vento (Eecatl)

As pessoas do signo de Vento amam a sinceridade. Seremos cativados por sua honradez e franqueza.

Os nativos de Vento dizem o que pensam, e pouco se incomodam com a situação que criam no momento. Quem se defrontar com esses nativos, perguntar-se-á: "Como podem ser tão pouco diplomáticos?"

Em outras palavras, durante a vida inteira os nativos de Vento desconhecem a sutil arte da diplomacia, pois a julgam complicada demais e muito incompreensível. A direção de sua marcha é o caminho direto. Com freqüência, ficam em má situação e "dão com a cabeça na parede". Todavia, suportam bem isso, assim como os pugilistas às vezes agüentam golpes baixos. Na verdade, eles até se divertem com isso, quando conseguem revidar esses golpes. Além disso, sempre dizem o que pensam, e isso basta. Os outros que se adaptem. E, na maioria das vezes, os nativos de Vento obtêm êxito com esse procedimento. Não é raro vê-los ocupando cargos elevados. São o que costumamos definir como "pessoas talhadas para o sucesso".

Entretanto, há outra categoria de nativos de Vento: os que com suas franquezas ofendem as outras pessoas e que depois não sabem como remediar a situação. Essa espécie constitui a minoria.

Talvez seja a sua franqueza o que os faz parecer tão determinados. Tudo o que empreendem é coroado de êxito, na maioria das vezes. Isso lhes granjeia muitos amigos, os quais em segredo os tomam como modelo. Esses nativos detestam a mediocridade. Até mesmo as tarefas mais difíceis são executadas a contento, o que por sua vez lhes garante a apreciação dos seus superiores. Lamentavelmente, entretanto, esses tipos bem-sucedidos atraem a inveja da mesma forma como o mel atrai as moscas. Seja como for, o nativo de Vento sabe como conviver com isso. No âmbito profissional, executará suas atividades com a precisão de um relógio, sem se deixar intimidar pelos invejosos que tentam destruir a sua carreira.

O panorama que apresentamos é válido tanto para o homem como para a mulher de Vento. Esta última, seja como for, pode adicionar alguns pontos ao seu ativo. Ela sabe como ser hospitaleira, transformando o seu lar num ninho que reflete sua personalidade; a decoração é feita com muito gosto e amor. É agradável visitá-la, pois nos sentiremos bem em sua casa. Nem por isso deve-se concluir que ela seja uma dona-de-casa nata. A mulher de Vento não é a dona-de-casa exigente que procura com uma lente a última partícula de pó. De vez em quando, ela fará uma limpeza rigorosa sem esquecer-se dos cantos – contudo, não tem a aspiração de tornar sua casa uma moradia clinicamente anti-séptica, exageradamente limpa, a ponto de vencer um concurso de limpeza. Entretanto, trata-se de uma mulher com a qual o homem pode sentir-se bem, pois ela o mimará, seja como for, dentro dos limites. A mulher de Vento quer conservar sua individualidade e consegue manter-se na fronteira entre a mulher emancipada e a dona-de-casa.

Os nativos de Vento não representam problema para as mulheres. Com efeito, podemos até afirmar que em certas épocas da vida – com bastante prazer – suportam o encargo de sustentar muitas mulheres bonitas. O homem de Vento se move com desenvoltura na "caça à mulher" e, com freqüência, torna essa conquista um divertimento. No casamento ele exige, a par de qualidades espirituais acima da média, também sedução e admiração da parte da sua mulher. Para ficar a seu lado, a mulher deverá ser capaz de fazer qualquer coisa. O padrão que ele exige no casamento é elevado. No entanto, quando os parceiros se entendem, ele se torna como que um cúmplice da mulher, com o qual ela seria capaz de cometer qualquer desatino. Em processos de divórcio, os homens de Vento não admitem acordos. A mulher de Vento não é passível de conquista apenas por meios românticos. Por ser realista, não há outro meio de convencê-la. Ela prefere a sinceridade – mesmo no amor. E o homem que usar de rodeios para obter o que um varão sói pedir a uma mulher, sairá de mãos abanando. O homem que chama as coisas pelo próprio nome será mais afortunado.

Um homem terá de oferecer algo à nativa de Vento: não precisará ser milionário, tampouco pode ser um "pé-rapado" – se quiser levá-la ao altar. Ela é caseira, mas não está disposta a renunciar aos divertimentos.

Dia 1.	Favorável também para o amor.
Dia 2.	Neutro.
Dia 3.	Propício a assuntos financeiros.
Dia 4.	A sorte está acenando.
Dia 5.	Prudência nos negócios.
Dia 6.	Bom para o amor.
Dia 7.	Possíveis surpresas.
Dia 8.	Realize agora os seus projetos.
Dia 9.	Cuidado com a maré de azar!
Dia 10.	Favorável em todos os empreendimentos.
Dia 11.	Dia que traz inúmeras vantagens.
Dia 12.	Avance com cautela.
Dia 13.	Cuidado com as finanças.

No Teste dos Parceiros

Homem de Vento		***Mulher de Vento***	
Vento	○○○○	Vento	○○○○
Crocodilo	○○○○○	Crocodilo	○○○○○
Casa	○○○○○	Casa	○○
Lagarto	○○○○	Lagarto	○○
Serpente	○○○○	Serpente	○○
Morte	○○○	Morte	○○○
Veado	○○○○	Veado	○○
Coelho	○○○○○	Coelho	○○
Água	○○○○	Água	○○
Cão	○○○○	Cão	○○○○
Macaco	○○○	Macaco	○○
Erva	○○	Erva	○○○
Cana	○○	Cana	○○○
Jaguar	○○○	Jaguar	○○○○
Águia	○○○○	Águia	○○○
Abutre	○○○○	Abutre	○○
Terremoto	○○○○○	Terremoto	○○○○
Pederneira	○○○○○	Pederneira	○○
Chuva	○○○	Chuva	○○
Flor	○○○○	Flor	○○

Pontuação: 1 ponto: nota mínima, 5 pontos: nota máxima

O Crocodilo (Cipactli)

O nativo de Crocodilo anda pelo lado ensolarado da vida. Seu atributo é ser conseqüente em grau máximo.

Quem puder se incluir entre os nativos de Crocodilo em virtude da data do seu nascimento, não terá de lutar contra o destino, pois viverá sob os influxos da boa sorte, estando a salvo dos aspectos sombrios da vida, causados por duros golpes da sorte ou por problemas constantes.

O nativo de Crocodilo obtém, sem esforço, as coisas pelas quais os demais têm de lutar durante toda uma vida; prestígio e dinheiro, por exemplo. Ao nativo de Crocodilo será muito mais fácil do que ao seu semelhante alcançar uma posição de destaque. Nos negócios, o êxito provavelmente sempre será seu, pois ele tem consciência do seu valor. Como conseqüência, permanecerá no caminho por ele mesmo escolhido. Quem pretender contrariá-lo nesse aspecto, deverá ser dotado de personalidade singular. O nativo de Crocodilo luta para vencer. Ocasionalmente também o faz por princípios.

É bom que fique bem claro: nada lhe cai às mãos gratuitamente, mas tem sorte e é muito esforçado e competente. Seria errôneo, porém, incluí-lo na categoria de pessoas que põem o trabalho acima de tudo a ponto de esquecer-se das próprias necessidades. Nada disso, este nativo sabe viver: seu bem-estar é muito importante. Emprega o tempo livre de forma conseqüente, desfrutando a vida da melhor maneira possível. Ele atua seguindo um princípio: só se vive uma vez e não se sabe por quanto tempo. Por isso, aproveita todos os momentos da vida, quer seja os relacionados com o trabalho e com o êxito que ele acarreta e que o deixam feliz, quer seja os momentos livres que sabe como preencher agradavelmente. O homem de Crocodilo muitas vezes é admirado por seus semelhantes pelo fato de irradiar otimismo e por pensar e agir com desprendimento. Os nativos de Crocodilo são altruístas, não pensam apenas em si mesmos, mas têm grande coração, beneficiando o próximo. O sucesso pode seduzir, mas não ao nativo de Crocodilo. Aqui não se poupa com avareza, mas se pensa num uso racional para o dinheiro. Não se trata de jogar dinheiro pela janela: uma coisa assim nem passaria pela cabeça desses nativos. Ele lida cuidadosamente com as finanças, sem gastar impensadamente. Vive do dinheiro, mas o usa com inteligência.

As características mencionadas valem tanto para o homem como para a mulher.

As mulheres de Crocodilo, é necessário dizer, são um pouco mais atraentes do que os homens do mesmo signo. Em resumo: são as parceiras ideais para o casamento. Nisso já é importante a aparência exterior. As mulheres de Crocodilo em geral são muito atraentes, mas devem aproveitar isso, em vez de se esconderem dos homens.

Quem se casar com uma mulher de Crocodilo terá ao lado uma pessoa que será sedutora durante toda a vida matrimonial. Ela se preocupará com o marido de forma comovente e será uma companheira valorosa, capaz de fingir que não lhe vê as fraquezas e deficiências de caráter. Será também hospitaleira, o que valorizará seu marido aos olhos dos amigos e colegas de serviço. Se exercer uma profissão saberá conciliar de forma invejável o trabalho com as exigências da vida conjugal. Mesmo se voltar muito cansada para casa, não deixará o marido perceber o fato e ainda será para ele uma deliciosa companhia. Tampouco permite que os contratempos do escritório influenciem negativamente a vida a dois. A mulher de Crocodilo sabe ser empreendedora. Seu otimismo nato a ajuda bastante. Feliz de quem se casar com uma mulher desse signo!

Dia 1.	Nenhum acontecimento extraordinário.
Dia 2.	O amor está favorecido.
Dia 3.	Pode trazer vantagens pecuniárias.
Dia 4.	Prudência com empreendimentos de vulto.
Dia 5.	Cuidado com surpresas desagradáveis.
Dia 6.	Nem tudo precisa correr bem.
Dia 7.	A sorte no amor se aproxima.
Dia 8.	Favorável para grandes empreendimentos.
Dia 9.	Deve-se agir com cautela.
Dia 10.	Sem grandes acontecimentos.
Dia 11.	Sorte com dinheiro e no amor.
Dia 12.	Muitas coisas dão certo.
Dia 13.	O sucesso é possível.

No Teste dos Parceiros

Homem de Crocodilo		*Mulher de Crocodilo*	
Vento ______	○○○○○	Vento ______	○○○○○
Crocodilo ______	○○○○○	Crocodilo ______	○○○○○
Casa ______	○○○○○	Casa ______	○○○○○
Lagarto ______	○○○○	Lagarto ______	○○○○○
Serpente ______	○○○	Serpente ______	○○○
Morte ______	○○○	Morte ______	○○○○○
Veado ______	○○	Veado ______	○○○
Coelho ______	○○	Coelho ______	○○○○○
Água ______	○○○○	Água ______	○○○○○
Cão ______	○○	Cão ______	○○○○
Macaco ______	○○○○○	Macaco ______	○○○○○
Erva ______	○○	Erva ______	○○○○○
Cana ______	○○○	Cana ______	○○○○○
Jaguar ______	○○○○○	Jaguar ______	○○○
Águia ______	○○○	Águia ______	○○○○
Abutre ______	○○○○○	Abutre ______	○○○○○
Terremoto ______	○○○	Terremoto ______	○○○
Pederneira ______	○○○○	Pederneira ______	○○○○○
Chuva ______	○○○○○	Chuva ______	○○○○
Flor ______	○○○○○	Flor ______	○○○

Pontuação: 1 ponto: nota mínima, 5 pontos: nota máxima

A Casa (Calli)

Nada vem fortuitamente às mãos dos nativos do signo de Casa. São trabalhadores esforçados. Poder-se-ia também chamá-los de gênios desconhecidos.

Os nativos deste signo têm uma vida difícil. A sorte não lhes entrega frutos maduros. Precisam esforçar-se muito para poder aproveitar um pouco os belos aspectos da vida. Logo descobrem que, enquanto os outros contam com a sorte, eles não conseguem fazer com que esta fique a seu favor. Isso os torna muitas vezes pessimistas, mas também esforçados e inventivos. Trabalham arduamente e vivem inventando novos meios de conquistar uma posição mais destacada no âmbito do trabalho e das finanças, a fim de poder desfrutar o que a vida oferece de bom.

Também podemos chamá-los de gênios desconhecidos. Não são devidamente compensados por muitas coisas que inventam graças ao seu espírito e riqueza interior. Isso os torna amargurados e até mesmo os induz a cometer ações ilícitas. Talvez seja necessário dar um passo em falso, para que possam regressar ao terreno da realidade. Quando se trata de valorizar as próprias qualidades profissionais, não sabem fazê-lo de forma diplomática.

Os homens do signo de Casa adoram fazer conquistas amorosas. De preferência, gostam de contar com muitos trunfos na mão. Jogam tão bem nesse campo, que todos se interessam e se divertem. Mas, a propósito, se no enlevo dos sentimentos tirarem a carta errada, logo perderão a partida; nesse caso, resta "no campo" uma porção de amantes decepcionadas que, ainda por cima, ameaçam furar os olhos umas das outras. O nativo de Casa – jogador nato – sai à francesa – pois assumir responsabilidades não é o seu forte.

No casamento, não faz questão de ser o homem da casa. Prefere ocupar a posição de paxá. Por isso, sente bastante dificuldade em escolher uma mulher para esposa, pois teme os riscos. Antes do casamento ele deseja uma "prova". De tantas experiências ele perde a confiança e precisa de muito tempo para chegar ao casamento. Mesmo aí, tem dúvidas, e compara a esposa com as outras mulheres.

A mulher que se prender a um homem do signo de Casa precisa dar sempre o máximo de si mesma, para não levar a pior nas constantes comparações feitas pelo marido. Se ela perder, os alicerces do casamento ficarão abalados. Os homens deste signo, depois de algum tempo de casados, gostam de conceder-se pequenas aventuras. . . o que só acontece se a esposa já não lhes despertar interesse. Mesmo assim, procuram o reconhecimento através do matrimônio: uma esposa gentil, atraente e desejável aumenta-lhes o prestígio.

A mulher nascida sob este signo não é tão caseira como pode parecer. Uma vida entre quatro paredes, com o pano de pó na mão, torná-la-ia muito infeliz. Sabe que a casa deve ser bem-cuidada, mas não se sente realizada ao fazê-lo. Deseja sentir-se gratificada na profissão. Quando a casa e os filhos não lhe permitirem mais isso, ela procurará reconhecimento no âmbito das amizades. Continuará a estudar, mesmo que tenha de fazê-lo em casa. Seu marido nunca será do tipo "herói de chinelos". Ela não procura alguém que seja pacato. Tem por ideal um homem bem-sucedido, com o qual possa se comparar. Renuncia a muitas coisas para poder ser conhecida entre as colegas como "a companheira ideal do marido". A mulher de Casa não possui muito *sex appeal*. O homem que compartilhar sua vida jamais se lamentará dos anos perdidos da vida matrimonial. O homem que desposar uma mulher de Casa deve desde logo fazê-la perder uma característica muito evidente entre as nativas deste signo: a loquacidade, que muitas vezes degenera em tagarelice inconseqüente. As mulheres de Casa devem abster-se de fazer confidências às outras pessoas. Muitos poderiam aproveitar-se dessas confidências em detrimento delas.

Dia 1.	Boas perspectivas para o amor e as finanças.
Dia 2.	Prudência nos negócios.
Dia 3.	Aja com cuidado em tudo que fizer.
Dia 4.	Nem tudo dará certo.
Dia 5.	Inicie agora os projetos.
Dia 6.	Dia muito harmônico.
Dia 7.	Trará uma boa solução.
Dia 8.	No amor, nem tudo estará bem.
Dia 9.	O azar ronda a sua porta.
Dia 10.	Nada de extraordinário está previsto.
Dia 11.	Propício para grandes empreendimentos.
Dia 12.	Regularize agora os assuntos financeiros.
Dia 13.	A sorte está acenando.

No Teste dos Parceiros

Homem de Casa		*Mulher de Casa*	
Vento	○○	Vento	○○○○○
Crocodilo	○○○○○	Crocodilo	○○○○○
Casa	○○○○	Casa	○○○○
Lagarto	○○○○○	Lagarto	○○
Serpente	○○○○○	Serpente	○○
Morte	○○○	Morte	○○○○○
Veado	○○○○○	Veado	○○○○
Coelho	○○○○	Coelho	○○○○
Água	○○○○	Água	○○○○
Cão	○○	Cão	○○○○○
Macaco	○○○○	Macaco	○○
Erva	○○	Erva	○○○
Cana	○○	Cana	○○○
Jaguar	○○○○○	Jaguar	○○○○
Águia	○○○	Águia	○○○○
Abutre	○○○○○	Abutre	○○
Terremoto	○○○○	Terremoto	○○○
Pederneira	○○○	Pederneira	○○○○
Chuva	○○○○○	Chuva	○○○○○
Flor	○○○○○	Flor	○○

Pontuação: 1 ponto: nota mínima, 5 pontos: nota máxima

O Lagarto (Cuetzpalin)

Os nativos de Lagarto não apreciam a vida doméstica. Sua pátria é a natureza. Não vivem apenas para o trabalho.

Todos os que hoje redescobrem a natureza, apreciam sua beleza, condenam a ação predatória praticada contra ela e passam longos momentos ao ar livre expressam exatamente as preocupações dos nativos de Lagarto. As pessoas deste signo estão fortemente ligadas à natureza. Vivem ao ar livre, e entre eles não se encontram pessoas caseiras. Também se saem bem nas competições esportivas. Entre amigos, despertam logo a atenção ao subirem as escadas de dois em dois degraus, enquanto os demais se arrastam penosamente degrau por degrau. Convivem com os ideais de esportividade. Gostariam de trabalhar como engenheiros florestais, camponeses ou jardineiros, mas com freqüência enfrentam as mais variadas circunstâncias em profissões inteiramente distintas. Grande parte dos nativos deste signo não se preocupa em fazer carreira. Devido a isso, deixam de aproveitar muitas oportunidades. Preferem a natureza a cobiçar o cargo de seus superiores. Progridem devagar – principalmente os homens. Os nativos de Lagarto precisam de uma mulher enérgica que os impulsione a ocupar-se seriamente dos misteres concretos e os obrigue, com gentileza dosada de carinho, a perseguir o sucesso profissional. Muitos homens empreendem tudo com lentidão – até mesmo o amor. Uma companheira dócil ou indecisa em demasia não seria ideal para um relacionamento definitivo e duradouro. Talvez haja uma exceção para essa regra: se ambos pudessem viver numa ilha, onde a preocupação com a sobrevivência não acarretasse tantas dificuldades, a vida conjugal não seria ameaçada. Mas, ao lado de uma mulher decidida, o homem de Lagarto enfrentará muito melhor as tempestades da vida conjugal. Os homens podem sentir-se protegidos perto das mulheres deste signo. Elas sabem o que querem e perseguem suas metas também fora do âmbito do casamento, na vida profissional e no círculo de amizades. Com determinação e quase sem que se perceba, elas administram a vida doméstica de forma exemplar, sem que o homem tenha de renunciar a qualquer coisa, o que não deixa de ser um privilégio. Homens com tendência a viver como paxás têm na mulher de Lagarto a companheira ideal. O excesso de emancipação não agrada as mulheres de Lagarto. Seu talento para a organização às vezes causa a impressão de frialdade e insensibilidade. Mas essa é uma impressão enganosa. No fundo do coração, a mulher de Lagarto é uma criatura doce e delicada para com o marido. Contudo, se o seu casamento for ameaçado por uma rival, a mulher de Lagarto pode se tornar tão furiosa quanto uma leoa. Ela lutará denodada e ilimitadamente. . . . O mínimo motivo já lhe provoca ciúmes, dispondo-a logo para a luta.

Os nativos de Lagarto apresentam certos traços de superficialidade. Com freqüência, desrespeitam horários, prazos e acordos.

Para entender um nativo de Lagarto precisamos de muito tempo. Ele vive trocando de papéis com a mesma desenvoltura com que troca de camisa. A rotina do dia-a-dia se transforma num palco, onde o nativo personifica o papel principal. Mas só parcialmente logra tal desempenho. Às vezes, até mesmo encarna uma personagem burlesca. Mas isso não lhe causa preocupação, pois o que lhe interessa é a experiência. Para ele, seria bem pior não ter tentado nada. Isso representaria para ele uma derrota.

Dia 1.	Bom para o amor.
Dia 2.	Bom para organizar as finanças.
Dia 3.	Indefinição; também pode haver azar.
Dia 4.	Precavenha-se contra os fracassos.
Dia 5.	Este dia pode ser portador de surpresas desagradáveis.
Dia 6.	Nem tudo dará certo.
Dia 7.	Nada de extraordinário.
Dia 8.	Possíveis crises na vida.
Dia 9.	Cuidado com os reveses!
Dia 10.	Circunstâncias favoráveis para grandes negócios.
Dia 11.	Dia ótimo.
Dia 12.	Não vale a pena começar nada novo.
Dia 13.	Nenhuma dificuldade.

No Teste dos Parceiros

Homem de Lagarto		*Mulher de Lagarto*	
Vento	○○	Vento	○○○○
Crocodilo	○○○○○	Crocodilo	○○○○
Casa	○○	Casa	○○○○○
Lagarto	○○○	Lagarto	○○○○
Serpente	○○○○	Serpente	○○○
Morte	○○○○○	Morte	○○○○○
Veado	○○	Veado	○○○
Coelho	○○	Coelho	○○○○○
Água	○○○	Água	○○○○○
Cão	○○○	Cão	○○○
Macaco	○○○○	Macaco	○○○
Erva	○○○○○	Erva	○○○○○
Cana	○○○○○	Cana	○○○○
Jaguar	○○○○	Jaguar	○○○○
Águia	○○	Águia	○○○○○
Abutre	○○○○	Abutre	○○○○○
Terremoto	○○	Terremoto	○○○
Pederneira	○○	Pederneira	○○○○
Chuva	○○○○	Chuva	○○○○○
Flor	○○○○○	Flor	○○○○

Pontuação: 1 ponto: nota mínima, 5 pontos: nota máxima

A Serpente (Coatl)

Sob o signo de Serpente nascem pessoas alegres, alheias às complicações, e que não se deixam escravizar pelo trabalho.

A sociedade, ou melhor, as pessoas esnobes os denominariam de "penetras". São os que nunca faltam às festas, onde se fartam à vontade, além de fazer jus às bebidas... naturalmente às expensas dos outros. Pois o penetra é convidado ou então ele mesmo se convida. Contudo, esquece-se de retribuir a hospitalidade. Mas, por sua alegria e bom-humor, são apreciados como convivas. É claro que nem todos os nativos de Serpente são penetras, mas trata-se de uma espécie muito comum entre os nascidos sob este signo.

Como são os tipos mais comuns de Serpente? Em geral, não trabalham em excesso, ainda que obtenham êxito em qualquer empreendimento. Não se cansam em demasia, pois isso é característico de sua natureza. Por outro lado, sabemos que, graças à sua capacidade – ou melhor, à sua sorte – não precisam vergar-se ao peso do trabalho. Conseguem sem esforço tudo o que os outros têm de conquistar por meio do trabalho árduo. Sem se empenharem a fundo, alcançam posição de prestígio no trabalho, e obtêm sucesso na profissão.

Os nativos deste signo são amados por seus semelhantes porque – não há como negar – são pessoas dispostas a fazer qualquer sacrifício em nome da amizade. Sempre estão prontas a ouvir com atenção os problemas dos amigos e parentes.

Não há muita diferença entre o homem e a mulher do signo de Serpente. A mulher terá de esforçar-se mais no que diz respeito ao campo de trabalho, porque nem tudo lhe vem facilmente às mãos. Sempre consegue obter a confiança das colegas e acaba sendo uma espécie de "confidente".

Ao observar a alegria e despreocupação desses nativos, eles parecem simples mas, se lhes auscultarmos o íntimo, veremos que têm problemas como todo mundo. Por terem muitas amizades não se deve imaginar que resolvem seus problemas com facilidade. Hesitam bastante antes de decidir, o que também vale para a vida a dois. Essa característica é válida principalmente para os homens deste signo. Se uma mulher se interessar por ele, e houver reciprocidade, nem por isso ele se decidirá a regularizar a situação. Ele não consegue tomar uma decisão e se comporta como uma borboleta que luta para não cair na rede. A maioria dos homens de Serpente precisa ser convencida a casar. Mas é preciso aconselhar as mulheres a serem intransigentes e arrastá-los, no sentido literal da palavra, ao altar. Uma vez casados, e com a aliança no dedo, eles mesmos se admirarão com o fato de a idéia não lhes ter ocorrido antes.

Sob esse aspecto, a mulher será menos indecisa do que o homem. Tão logo encontre o parceiro ideal, ela se dirigirá desenvoltamente ao cartório – levando-o consigo, é claro.

Dia 1.	Bom, pode favorecer os lucros.
Dia 2.	Nenhum prognóstico bom.
Dia 3.	Bom; pode-se verificar recuperação nas finanças e no prestígio.
Dia 4.	Cuidado, pode haver uma infelicidade.
Dia 5.	Negativo.
Dia 6.	Dia desfavorável à saúde. Possibilidade de doenças.
Dia 7.	Dia muito feliz!
Dia 8.	Pode sobrevir um desastre ou infortúnio.
Dia 9.	Dia nefasto.
Dia 10.	Auspicioso para as finanças e favorável em todos os aspectos.
Dia 11.	Auspicioso para as finanças e favorável em todos os aspectos.
Dia 12.	Auspicioso para as finanças e favorável em todos os aspectos.
Dia 13.	Auspicioso para as finanças e favorável em todos os aspectos.

No Teste dos Parceiros

Homem de Serpente		*Mulher de Serpente*	
Vento	○○	Vento	○○○○
Crocodilo	○○○	Crocodilo	○○○
Casa	○○	Casa	○○○○○
Lagarto	○○○	Lagarto	○○○○
Serpente	○○○	Serpente	○○○
Morte	○○○○○	Morte	○○○○
Veado	○○	Veado	○○○○
Coelho	○○	Coelho	○○○
Água	○○○○	Água	○○○○○
Cão	○○○	Cão	○○○
Macaco	○○○○	Macaco	○○○○○
Erva	○○○○○	Erva	○○○○
Cana	○○○○○	Cana	○○
Jaguar	○○○○	Jaguar	○○○
Águia	○○	Águia	○○○○
Abutre	○○○○○	Abutre	○○○○○
Terremoto	○○○○	Terremoto	○○○○
Pederneira	○○	Pederneira	○○○○
Chuva	○○○○○	Chuva	○○○○
Flor	○○○○	Flor	○○○○○

Pontuação: 1 ponto: nota mínima, 5 pontos: nota máxima

A Morte (Miquiztli)

A deusa da fortuna com freqüência favorece os nativos do signo de Morte. Eles obtêm êxito nos negócios e na profissão.

"Quem és?"

"Eu sou a Morte."

Quem nasce sob este signo certamente não deve ser invejado. A Morte não é um signo atraente, já a partir do nome. No entanto, isso não é assim. Este signo não tem nenhuma relação com a morte ou com o que a esta se associa.

A Morte não é um signo mau ou temível. Com efeito, quem nasce nesse signo pode se considerar afortunado. O que lhe é dado com facilidade, aos outros só é acessível à custa de ingentes esforços: quer se trate de uma herança, quer de um dom de natureza espiritual ou material. A sorte é uma companheira inseparável dos nativos deste signo. É justamente nos negócios que os nativos conseguem fazer frutificar as idéias que levariam os outros à falência. Os cobradores raramente terão de se anunciar, pois este nativo não enfrenta dificuldades financeiras sérias.

Eles são alvo da inveja. Muitos, sobretudo os que têm de ganhar o pão sem contar com as benesses da sorte, não conseguem suportar a ventura e o êxito alheios. Por outro lado, os nativos de Morte também dão livre curso às suas extravagâncias sem se incomodar com as conseqüências que tal atitude acarreta aos seus semelhantes. Despóticos e caprichosos como são, não surpreende que os amigos, às vezes, desertem. Não que eles hostilizem abertamente o nativo de Morte. O respeito, na verdade, não diminui. Ocorre apenas uma diminuição de chamadas telefônicas, de visitas e de convites. Isso magoa visivelmente o nativo, pois ele ama as festas e reuniões sociais.

Eis um conselho para os que mantêm relações profissionais ou particulares com esses nativos: não os irritem excessivamente, não é sensato tê-los como inimigos. Nessa situação, podem comportar-se como animais mortalmente feridos, com reações imprevisíveis.

Também quanto ao amor e ao casamento, o comportamento desses nativos é idêntico. A sorte e o êxito que obtêm na vida fazem deles parceiros seguros de si. Não se quer dizer que trocarão de bom grado as calças pelas saias. Para eles, o casamento significa que devem representar o papel principal. Se forem obstaculizados por suas mulheres, solicitarão o divórcio sem detença. Nesse caso, pode-se apostar que serão eles, e não elas, que procurarão uma nova companheira. As esposas devem preocupar-se com a saúde desses maridos, pois eles são propensos aos excessos nas práticas esportivas e no trabalho. Afinal, o casamento com nativos deste signo pode ser feliz? Certamente. Desde que não se pretenda transformá-los em "heróis caseiros".

As mulheres deste signo são muito sensíveis e encontram várias oportunidades para triunfar na profissão. Por terem consciência desse fato, entram em conflito com o sexo oposto. Essa atitude por vezes assusta e desorienta os homens que as encontram pela primeira vez. Todavia, os homens devem dar a essas mulheres outras oportunidades. De fato, em que pese a rusticidade da aparência, forjada pelo seu autoconhecimento, interiormente a mulher deste signo é terna e predestinada à vida conjugal duradoura. A nativa de Morte aprecia o reconhecimento de seus atributos e necessita de muito espaço para se mover. Não é possível encerrá-la em casa para exibi-la quando for conveniente. Ela deseja ser uma companheira com igualdade de direitos, não lhe bastando o papel de mera dona-de-casa. Tratada como uma companheira – na verdadeira acepção da palavra – ela será muito valiosa e ajudará o seu homem a aumentar os seus ganhos, além de proporcionar-lhe uma vida amorosa rica e cheia de surpresas. E mesmo que ela deseje uma liberdade maior, não é lícito negar-lhe. Ela deseja apenas auto-afirmar-se. Não se trata de uma ruptura dos vínculos matrimoniais. O marido pode ter a certeza de que, quanto mais ampla a margem de liberdade que lhe proporcionar, mais profícuo será o viver a dois durante toda a sua vida.

Dia 1.	Pode trazer honrarias e riqueza.
Dia 2.	Prognósticos favoráveis.
Dia 3.	Notáveis resultados, com pouco esforço.
Dia 4.	Pode ser desfavorável.
Dia 5.	As possibilidades não são alentadoras.
Dia 6.	As possibilidades não são alentadoras.
Dia 7.	Cuidado com a má sorte.
Dia 8.	Os prognósticos não favorecem.
Dia 9.	Cuidado: o menor erro pode redundar logo em desastre.
Dia 10.	Dia muito feliz.
Dia 11.	Bons presságios.
Dia 12.	Prevalece a sorte.
Dia 13.	Prognósticos favoráveis.

No Teste dos Parceiros

Homem de Morte		*Mulher de Morte*	
Vento	○○○	Vento	○○○
Crocodilo	○○○○○	Crocodilo	○○○
Casa	○○○○○	Casa	○○○
Lagarto	○○○○○	Lagarto	○○○○○
Serpente	○○○○	Serpente	○○○○○
Morte	○○○	Morte	○○○
Veado	○○○○○	Veado	○○○○
Coelho	○○○○	Coelho	○○○
Água	○○○○	Água	○○
Cão	○○	Cão	○○
Macaco	○○○○	Macaco	○○○
Erva	○○	Erva	○○○
Cana	○○○	Cana	○○○○
Jaguar	○○○○	Jaguar	○○○○
Águia	○○○○	Águia	○○
Abutre	○○○○○	Abutre	○○○○○
Terremoto	○○○	Terremoto	○○○
Pederneira	○○○	Pederneira	○○○
Chuva	○○○○○	Chuva	○○○
Flor	○○○○○	Flor	○○○○○

Pontuação: 1 ponto: nota mínima, 5 pontos: nota máxima

O Veado (Mazatl)

Os nativos de Veado sabem impor-se. Estão sempre prontos a prestar ajuda. Pode-se contar com eles em qualquer ocasião. Ocupam posições importantes.

Estes nativos são bondosos, às vezes até em demasia. Não tentarão pôr-se logo em evidência tripudiando sobre os demais. Preferirão um papel secundário ao de protagonista. Raramente se encontram entre eles lutadores solitários. Os nativos de Veado são altruístas e se apressam em ajudar os demais. Costumam agir em silêncio, enquanto os outros ainda estão planejando a ação. Também não são muito loquazes, pois são pessoas de ação.

Sabem guardar o silêncio no momento oportuno. Quando se manifestam, podemos estar certos de que sabem o que estão dizendo. Reagem prontamente às críticas, pois têm consciência de estar fazendo o melhor possível. São altamente autocríticos.

Tanto na esfera pessoal como na profissional, esses nativos deixarão os "arrivistas" agir, evitando um confronto com eles. Preferem seguir o seu caminho: lento, bem-planejado e sem sacrifício de sua personalidade. Seus superiores têm de se acostumar com o seguinte fato: os nativos deste signo defendem seu próprio ponto de vista, e não pactuam com compromissos mesquinhos. Os nativos de Veado preferem renunciar ao cargo a agir em detrimento de suas convicções ou à custa da carreira de outrem.

Os nativos deste signo não travam amizades de pronto. Contudo, quem conhecê-los melhor, devido à convivência prolongada, desejará tornar-se seu amigo, pois além de essa amizade não ser superficial, é também duradoura, quase sempre até a morte. Essa amizade também não será estremecida por traições. O nativo de Veado é um verdadeiro amigo, que também prestará ajuda em situações difíceis.

Não é muito apegado ao dinheiro. Devido a isso, ele não procurará riquezas diuturnamente, tencionando legar uma grande herança aos filhos. Quanto às finanças, ele é realista: adquire o necessário e tem nisso a sua diretriz.

O homem deste signo raramente é mulherengo. Não passa a vida de cama em cama, à semelhança de um casanova. Tem muito respeito pelas mulheres. O nativo deste signo será o cônjuge ideal. No entanto, a mulher não deve esperar que ele trave grandes batalhas unicamente para conquistá-la. Ele também aprecia ser conquistado. Faz o sinal e fica à espera do resultado. Sentir-se-á lisonjeado pelo fato de a mulher empurrá-lo para o matrimônio.

Eles levam o casamento a sério. Apreciam o aconchego do lar e não causarão grandes problemas para a esposa. Escolhida a companheira, não se deixarão seduzir nem mesmo por beldades como Brigitte Bardot.

A nativa deste signo, *grosso modo*, tem as mesmas características. Seu lema é: a mulher deve ser conquistada. Quando solteira, gosta de aplicar as diversas técnicas de conquista utilizadas pelos homens. Pode fazê-lo, pois na maioria das vezes é bonita, atraente e amorosa, coisa que os homens apreciam. Para ela, o homem não precisa ser muito rico, mas deve ser competente no seu ofício, a fim de que possa orgulhar-se dele: os fanfarrões serão objeto apenas de riso. O casamento com essa nativa é harmonioso. Ela ama as crianças e fará tudo para que o lar seja confortável. Apesar de prendada, ainda é divertida, gosta de tirar férias e será indulgente com o marido, se este se permitir um deslize. A mulher deste signo apenas deseja ter a oportunidade de continuar se desenvolvendo em algum campo, seja ele qual for: na profissão, nas atividades sociais ou no plano pessoal.

Dia 1.	As possibilidades são boas.
Dia 2.	Cuidado com as bebidas alcoólicas.
Dia 3.	Este dia pode trazer riquezas fugazes.
Dia 4.	A sorte com dinheiro não é rara.
Dia 5.	Pode trazer felicidade.
Dia 6.	Cuidado, possíveis experiências desagradáveis.
Dia 7.	Possibilidades de alegria e sucesso, caso não se cometam imprudências.
Dia 8.	Cautela.
Dia 9.	Cuidado, marés de fatalidades à vista.
Dia 10.	Bom, de maneira geral.
Dia 11.	Bom em todos os aspectos.
Dia 12.	Boas possibilidades de negócios lucrativos.
Dia 13.	A sorte e o sucesso estão ao alcance.

No Teste dos Parceiros

Homem de Veado		*Mulher de Veado*	
Vento	○○	Vento	○○○○
Crocodilo	○○○	Crocodilo	○○
Casa	○○○○	Casa	○○○○○
Lagarto	○○○	Lagarto	○○
Serpente	○○○○	Serpente	○○
Morte	○○○○	Morte	○○○○○
Veado	○○○○○	Veado	○○○○○
Coelho	○○○○	Coelho	○○
Água	○○○○	Água	○○○○○
Cão	○○○○	Cão	○○○○
Macaco	○○○	Macaco	○○
Erva	○○○○○	Erva	○○○○○
Cana	○○○○	Cana	○○○○○
Jaguar	○○○○	Jaguar	○○
Águia	○○	Águia	○○○○○
Abutre	○○○	Abutre	○○
Terremoto	○○○○○	Terremoto	○○○○
Pederneira	○○○	Pederneira	○○○○○
Chuva	○○○	Chuva	○○○○
Flor	○○○○	Flor	○○

Pontuação: 1 ponto: nota mínima, 5 pontos: nota máxima

O Coelho (Tochtli)

Os nativos de Coelho podem ser definidos como lutadores solitários que seguem seu caminho conscientes da meta da qual ninguém pode desviá-los.

Não gostam de ficar sob as luzes ofuscantes dos refletores. Isso traria os inconvenientes a que estão expostas as vidas das grandes personalidades públicas. Mesmo que viessem a alcançar posições de destaque, não anunciariam isso aos quatro ventos. Essa postura não parece lógica, se observarmos mais de perto suas atitudes. Na verdade, os nativos de Coelho são lutadores infatigáveis, que seguem seu caminho a qualquer custo e que querem ver os seus desejos coroados de êxito.

Eles não se disporiam a viajar à Índia para ouvir os ensinamentos dos gurus sobre as doutrinas sagradas. São realistas e pragmáticos demais. Seu mundo se resume ao universo frio dos negócios, onde atuam como se estivessem jogando uma partida de xadrez. Se puderem representar o papel de chefe, farão cartadas dignas de um rei. Com lucidez, estabelecem metas concernentes ao futuro de sua profissão, e nessa arena, combatem cavalheirescamente; mas se os adversários lhes interceptam o caminho, não hesitam em utilizar um machado.

Os nativos de Coelho não são camaradas típicos. Sentem-se bem no círculo das amizades, mas se reservam o direito de escolher os amigos. Quem conquistar a amizade de um nativo de Coelho não a perderá com muita facilidade. Apesar de determinados quanto aos seus objetivos, não perdem o senso de humor. O repertório de anedotas é bastante amplo e não hesitam em contar piadas um tanto inconvenientes, sem ruborizar-se.

Conseguem fazer fortuna com celeridade. Raramente enfrentam um tribunal, mesmo quando empreendem transações arriscadas tentando fraudar o Fisco. Em questões de dinheiro, sua esperteza os torna "Atletas das finanças" por antonomásia.

Os homens de Coelho conquistam as mulheres pela inteligência. Sua decisão não considera as medidas do busto, mas o seu QI. Mesmo que as mulheres tentem conquistá-lo com práticas eróticas apaixonadas, elas devem contar com a sua lucidez, graças à qual eles as analisam friamente. Contudo, esses homens não são sexualmente frios. Só se decidem pelo casamento quando estão convencidos da sinceridade da mulher. Para eles, a sinceridade significa quase o mesmo que amor sem reservas, fidelidade e senso econômico.

Além disso, a mulher tem de ser bonita, ou melhor, tão atraente que desperte a cobiça dos outros homens. Só que ela não poderá retribuir os olhares que lhe são dirigidos, sob pena de destruir o casamento de imediato. Sem dúvida, os homens de Coelho exigem bastante de suas mulheres! É verdade que também oferecem algo, para compensar essas exigências; no entanto, acabam pedindo mais do que estão dispostos a dar. As mulheres do signo de Coelho são amorosas e para elas conta muito o romantismo no amor. Quem quiser chegar logo às últimas conseqüências se arrependerá! Com técnicas banais é que a mulher de Coelho não será conquistada! Devido à sua bela aparência, são muito cobiçadas e sabem usar com maestria suas armas femininas com os candidatos. Gostam do jogo do amor, até mesmo no casamento, não sendo raro que ensinem algo ao namorado. Este se arrasta a seus pés meses a fio fazendo-lhe a corte e, com astúcia e habilidade femininas, ela o levará quase à auto-renúncia.

Finalmente, o homem concluirá que, apesar de tudo, não recebeu sequer uma mínima prova de amor.

A mulher de Coelho quer gozar a vida; portanto, detesta a monotonia. Exige que o marido seja criativo até mesmo na alcova. Porém, se nessa criatividade também estiverem presentes a ternura e o romance, a mulher usufrui inteiramente da vida a dois.

Ela ama a aventura e não teme os riscos: é corajosa. Para ela, a vida também deve ser uma aventura. Por essa razão, a vida do marido não é muito fácil: ele terá de inventar sempre novas surpresas para não comprometer a paz conjugal.

Dia 1.	Bom para o amor.
Dia 2.	Nem tudo dará certo.
Dia 3.	Nada de especial.
Dia 4.	Aproveite, mas com cuidado.
Dia 5.	Pode trazer surpresas más.
Dia 6.	Nem tudo precisa dar certo.
Dia 7.	Bom para qualquer empreendimento.
Dia 8.	Cuidado: possível infortúnio no amor.
Dia 9.	Nada de especial.
Dia 10.	A maior parte do dia será boa.
Dia 11.	Possível êxito em grandes empreendimentos.
Dia 12.	Ventura e desventura se alternam.
Dia 13.	Realize agora os seus planos.

No Teste dos Parceiros

Homem de Coelho		*Mulher de Coelho*	
Vento	○○	Vento	○○○○○
Crocodilo	○○○○○	Crocodilo	○○
Casa	○○○○	Casa	○○○○
Lagarto	○○○○○	Lagarto	○○
Serpente	○○○	Serpente	○○
Morte	○○○	Morte	○○○○
Veado	○○	Veado	○○○○
Coelho	○○○	Coelho	○○○
Água	○○○○	Água	○○○
Cão	○○	Cão	○○○○
Macaco	○○○○	Macaco	○○○○
Erva	○○	Erva	○○○
Cana	○○○	Cana	○○○○○
Jaguar	○○○○○	Jaguar	○○○○
Águia	○○○	Águia	○○○
Abutre	○○○○	Abutre	○○
Terremoto	○○○	Terremoto	○○○○○
Pederneira	○○○	Pederneira	○○○○○
Chuva	○○○○	Chuva	○○○○
Flor	○○○	Flor	○○○○○

Pontuação: 1 ponto: nota mínima, 5 pontos: nota máxima

A Água (Atl)

Os nativos de Água lutam com os próprios temperamentos diferentes. Vistos de fora, dão a impressão de imprevisibilidade. É necessário conhecê-los mais de perto.

Sobre a deusa asteca Chalchiuhtlicue (água) sabe-se que tinha personalidade muito volúvel. A cada momento, exibia uma fisionomia diferente, não sendo possível conhecê-la bem. É provável que os nativos deste signo tenham assimilado algo de sua personalidade.

Os nativos de Água reúnem em si todos os temperamentos de uma só vez. Tanto têm virtudes como defeitos. Nada neles é definitivo, não são maus nem bons; não são muito ricos nem demasiadamente pobres.

Quem reúne em si tantas características diferentes como esses nativos, nem sempre será equilibrado. As diversas qualidades se chocam, acarretando bruscas mudanças de temperamento e inconstâncias de humor. Os próprios nativos de Água sofrem com isso – mas também infligem dor aos seus semelhantes e ao cônjuge. Logo se descobre os nativos de Água atentando para essas oscilações de estado de espírito.

Afirma-se que não se pode confiar nos nativos deste signo. Não é verdade. Sob uma aparência dura, esconde-se uma alma terna. Parecem muito mais caprichosos e descorteses do que realmente são. Dir-se-ia que querem testar os que convivem com eles procurando descobrir-lhes os aspectos negativos. Quem for aprovado, receberá muita cordialidade e verá que o nativo é muito prestativo. Às vezes metem os pés pelas mãos, o que não lhes aumenta a popularidade.

Se forem tratados com injustiça, logo se ofendem. Eles não revestiram sua alma de um escudo protetor. Uma palavra inconveniente, mesmo sem intenção de ofender, eriça-lhes o pêlo como se fossem um porco-espinho. Essa atitude afasta até mesmo os amigos. Por essa razão, os nativos de Água não têm muitos amigos.

Apesar da natureza rude, os nativos deste signo podem ser alegres. Sentem-se melhor num círculo restrito de amigos do que em companhia de pessoas famosas. Um grupo de amigos empreendedores ser-lhes-ia útil e, às vezes, eles fazem parte de um círculo assim.

Com certeza não é fácil casar-se com um nativo de Água. Esse homem jamais será "pacífico" e de forma alguma deixar-se-á dominar. A mulher que aspire a "vestir calças" no lar não deve casar-se com esse nativo. Sua natureza volúvel prenuncia muitos imprevistos no casamento. Muitas mulheres gostam disso, pois contribui para afugentar o tédio da vida conjugal. Seja como for, o homem de Água sabe ser muito carinhoso e maleável – mas nem sempre. Além disso, espera que sua esposa seja algo mais do que uma simples dona-de-casa.

Quanto à mulher deste signo, ela também pode sofrer bastante, devido ao seu temperamento. A convivência com um homem que nada mais possa oferecer além do amor, debilitá-la-á. É mister um pouco de luxo, o que evita que ela se case com o primeiro que aparecer, optando por esperar um homem que tenha possibilidade de fazer carreira e cuja situação financeira seja estável. Não que a mulher de Água escolha apenas milionários, mas antes de aceitar uma proposta ela analisará se o pretendente tem possibilidades de oferecer-lhe uma vida confortável. Passar a vida na base de "um amor e uma cabana" não a atrai. Ademais, não deseja depender do marido, como parasita. Se necessário, estará disposta a "arregaçar as mangas" visando contribuir para o bem-estar econômico.

Elas são maternais, suficientemente caseiras, têm muito bom gosto, vestem-se bem e procuram ser sempre atraentes. Às vezes arriscam uma olhadela para outros homens – tão-só para se certificarem de que continuam encantadoras – e apreciam demais as festas. Serão sempre companhias simpáticas nas reuniões em que acompanham o marido.

Dia	1.	A sorte está acenando.
Dia	2.	Nada acontecerá de extraordinário.
Dia	3.	Grandes projetos podem ser realizados.
Dia	4.	Cuidado! Azar à vista.
Dia	5.	Possíveis surpresas desagradáveis.
Dia	6.	Nem tudo precisa dar certo.
Dia	7.	Inicie agora os projetos.
Dia	8.	Nada acontecerá de extraordinário.
Dia	9.	Cuidado! Conflitos também no amor.
Dia	10.	Bons augúrios.
Dia	11.	O sol brilha.
Dia	12.	Bom para o amor e as finanças.
Dia	13.	Quase tudo terá êxito.

No Teste dos Parceiros

Homem de Água		*Mulher de Água*	
Vento	○○	Vento	○○○○
Crocodilo	○○○○○	Crocodilo	○○○○
Casa	○○○○	Casa	○○○○
Lagarto	○○○○○	Lagarto	○○○
Serpente	○○○○○	Serpente	○○○○
Morte	○○	Morte	○○○○
Veado	○○○○○	Veado	○○○○
Coelho	○○○	Coelho	○○○○
Água	○○○○	Água	○○○○
Cão	○○○	Cão	○○○○
Macaco	○○○○○	Macaco	○○
Erva	○○	Erva	○○○○
Cana	○○○	Cana	○○○
Jaguar	○○○○	Jaguar	○○○
Águia	○○○	Águia	○○○○○
Abutre	○○○	Abutre	○○
Terremoto	○○○	Terremoto	○○○
Pederneira	○○○	Pederneira	○○○○
Chuva	○○○○○	Chuva	○○○
Flor	○○○○	Flor	○○○○

Pontuação: 1 ponto: nota mínima, 5 pontos: nota máxima

O Cão (Itzcuintli)

A característica dos nativos de Cão é o fato de conhecerem o seu valor. Não receiam os inimigos.

Os nativos do signo de Cão são combativos, no sentido literal da palavra. Jamais fugirão dos ataques, metendo o rabo entre as pernas: quando agredidos, mostrarão os dentes. Sabem impor-se magnificamente.

Com freqüência, ocupam postos de liderança, abrindo caminho, por assim dizer, de baixo para cima. Com sacrifícios e muito trabalho, desafiando os adversários, galgam altos postos. Correm poucos riscos ao fazê-lo, pois sua inata capacidade de afirmação e seu desejo de progredir lhes conferem uma força superior àquela de que na realidade dispõem. Os nativos de Cão estabelecem metas muito altas, certos de que logo as alcançarão. Quase se pode falar em mania de sucesso, que os impulsiona. Com efeito, é muito difícil que esses nativos reconheçam eventuais erros e insucessos. Nesses casos, não lhes faltarão justificativas. Podemos denominá-los campeões mundiais de criatividade, no sentido de colorir situações desagradáveis.

Os nativos deste signo sentem dificuldade em fazer amigos. Nem todos apreciam sua personalidade forte. Entretanto, quem os conhecer mais intimamente logo se convencerá de suas virtudes. São amigos leais, com quem se pode contar em momentos difíceis.

Na vida profissional, devemos confiar tranqüilamente na ajuda de um nativo de Cão. Neste caso, podemos contar com o que secretamente chamamos de injeção de "vitamina B". Eles se comprometem a favor dos colegas, procurando favorecê-los de todos os modos – a não ser que se trate de inimigos declarados. Mais de uma pessoa foi beneficiada por um nativo deste signo.

Eles logo chegam a ser proprietários. Vivem em casas bonitas, em lugares agradáveis. Em geral, têm muito bom gosto; seriam arquitetos natos. O Cão tem uma percepção para o estilo. Também revela bom gosto em tudo o que faz. Não freqüenta ambientes medíocres, quando quer fazer uma refeição rápida: deseja gozar a vida, e uma boa refeição integra as coisas que lhe dão prazer. Isso não quer dizer que dissipará desmedidamente o seu dinheiro com banquetes, mas mesmo as refeições diárias devem ser preparadas com carinho e perícia.

No amor, o homem de Cão não é um companheiro muito agradável; no entanto, é fiel. Manterá a mulher no seu devido lugar, assumindo a posição de senhor na vida particular. Do contrário, mostrará os dentes. Se na família as coisas não se comportam como deseja, ele "morde" e não há como evitar uma briga conjugal. O salutar dessa situação é que ela purificará o ar, e logo o transtorno é esquecido e ele reassume a posição de "comandante". Em última análise, o homem de Cão é um marido exemplar. Cuida carinhosamente da mulher, ama os filhos e, de bom grado, renunciará às coisas de que gosta a fim de fazer a família feliz.

A nativa deste signo é uma Eva com todos os atributos da feminilidade. Atrai os homens e tem consciência disso. Isso lhe dá prazer. As amigas lhe pedem conselhos quanto à moda, pois ela sabe vestir-se com elegância, mesmo sem gastar muito. Graças ao seu requinte, consegue vestir-se melhor do que as mulheres que compram vestidos caros nos magazines. A maioria das nativas de

Cão não tem do que se envergonhar quanto aos seus atributos físicos. Entre elas aparecem muitas vencedoras de concursos de beleza.

A mulher de Cão pode ser muitíssimo ciumenta, quando outras se aproximam do objeto do seu amor. Nesse caso, pouco lhe importa de quem vai "arrancar os olhos". Seja como for, o homem sofre as conseqüências da sua sanha – pois ela o culpará de ter manifestado interesse pela outra.

Devido a todas as suas virtudes, bem se pode perdoar-lhe os pequenos erros. Ela, por exemplo, costuma ser uma dona-de-casa um tanto relaxada. Raramente é boa cozinheira. Portanto, quem gostar de uma boa refeição caseira, não deve escolher sua companheira entre as nativas de Cão.

Dia 1.	Bom para o amor e as finanças.
Dia 2.	Nada de extraordinário acontecerá.
Dia 3.	Inicie agora os grandes projetos.
Dia 4.	Cuidado! Aproxima-se a má sorte.
Dia 5.	Surpresas negativas.
Dia 6.	Nem tudo precisa dar certo.
Dia 7.	Possibilidade de boas surpresas.
Dia 8.	Eventuais problemas amorosos.
Dia 9.	Cuidado! Aproxima-se o azar.
Dia 10.	Bons augúrios.
Dia 11.	Realize agora os projetos.
Dia 12.	Bonança.
Dia 13.	Bom, mas é melhor tomar um pouco de cuidado.

No Teste dos Parceiros

Homem de Cão		*Mulher de Cão*	
Vento	○○○○	Vento	○○○○
Crocodilo	○○○○	Crocodilo	○○
Casa	○○○○○	Casa	○○
Lagarto	○○○	Lagarto	○○○
Serpente	○○○	Serpente	○○○
Morte	○○	Morte	○○
Veado	○○○○	Veado	○○○○
Coelho	○○○○	Coelho	○○
Água	○○○○	Água	○○○
Cão	○○○○○	Cão	○○○○○
Macaco	○○	Macaco	○○○○
Erva	○○	Erva	○○○
Cana	○○	Cana	○○○○○
Jaguar	○○○	Jaguar	○○○○
Águia	○○○○	Águia	○○
Abutre	○○○○	Abutre	○○○
Terremoto	○○○○○	Terremoto	○○○○○
Pederneira	○○○○○	Pederneira	○○○
Chuva	○○○	Chuva	○○
Flor	○○○	Flor	○○○○○

Pontuação: 1 ponto: nota mínima, 5 pontos: nota máxima

O Macaco (Ozomatli)

Os nativos de Macaco sabem gozar a vida e não sucumbirão ao trabalho apenas para obter fama e riqueza. Às vezes, são um pouco extravagantes.

As pessoas dotadas de elevado senso de dever às vezes gostariam de ter nascido sob este signo. O Macaco não encara a vida pelo lado mais difícil. Aceita-a como é, o que lhe poupa conflitos mais sérios.

O boletim de notas do pequeno nativo de Macaco já terá a anotação de "pouco aplicado". Chegando à universidade, não se subordinará conseqüentemente ao regime estabelecido, o que o impedirá de fazer muitos dos exames. Esse fato, porém, certamente não lhe causará maiores dissabores. Afinal, ele quer gozar a vida e não pretende perder o bom-humor por causa de algumas obrigações! Além disso, nada o aborrece mais do que ter de acatar as exigências de outras pessoas. Portanto, quem quiser casar-se com esses nativos, terá de adaptar-se a sua maneira de ser. Para uma vida matrimonial duradoura com um "Macaco", é preciso conter os excessos da vontade própria. Caso contrário, os pratos voarão. . . e o leito nupcial "dará panos para mangas". . . Dois "cabeças duras" não devem pensar em se unir. A mulher que se submeter ao homem de Macaco terá um companheiro excelente, com quem valerá a pena viver uma vida em comum.

O Macaco ama a natureza, e gosta de passar as férias ao ar livre. Também se irrita com tudo o que possa ameaçar a "sua" natureza. Se dependesse dele, os inimigos da natureza seriam dizimados e desapareceriam para sempre. Sua dedicação à natureza fará com que aproveite todos os momentos livres, inclusive para a prática de esportes só realizáveis ao ar livre.

As mulheres nascidas sob este signo são essencialmente maternais, desejam ter muitos filhos e, desde a infância, cuidam dos irmãos menores e dos amiguinhos mais novos com muita ternura. De bom grado se cercariam de uma dúzia de crianças. Logo cedo sentirão o despertar do desejo de ter filhos. Seria ótimo que a mulher de Macaco não fosse cortejada por homens para quem os momentos livres e os negócios são mais importantes do que uma prole numerosa. Logo torná-la-iam infeliz.

A relação do nativo de Macaco com o dinheiro é ambivalente. Por um lado, gosta de contar com o dinheiro dos outros na base do "quem tem mais, deve também dar mais"; isso o levará a tirar proveito pessoal aproximando-se dos ricos. Contudo, nem todos os "Macacos" pertencem ao grupo dos "aproveitadores". Portanto, será difícil encontrar entre os nascidos sob este signo pessoas como Paul Getty ou o legendário Howard Hughes. Por outro lado, o dinheiro que possuem, gastam-no com prodigalidade. Ao fazê-lo, não pensam apenas em si mesmos, mas beneficiam também os bons amigos. Chegariam ao ponto de abrir uma conta num bar, apenas para que os amigos sem dinheiro não deixassem de tomar o seu aperitivo.

A veia artística musical parece ser muito acentuada nesses nativos. Talvez essa seja a razão de eles levarem a vida de maneira tão sonhadora. Como profissão ideal, sonham em ser cantores, dançarinos ou músicos. Mas, na maioria das vezes, são frustrados nessa ambição. Quiçá isso ocorra por não terem a necessária "garra", a capacidade de perseverar.

Mencionemos mais uma vez o tipo um tanto estróina e sonhador desses nativos. São muitas vezes incapazes de tomar as decisões fundamentais, principalmente os homens. As mulheres que quiserem viver uma vida em comum com eles deverão ser muito pacientes, pois provavelmente o nativo terá dificuldades de se decidir. Distraído e sonhador, protela a decisão indefinidamente e sem um "empurrãozinho" da mulher, esta poderá até envelhecer a seu lado sem que ele tome uma decisão. O melhor que ela tem a fazer é pegá-lo pela mão e levá-lo até o juiz de paz. Logo acordará do seu devaneio e se adaptará, prazeroso, à realidade. Ao menos foi poupado de tomar uma decisão, cabendo a ela a iniciativa.

Dia 1.	Boas perspectivas para empreendimentos de vulto.
Dia 2.	A sorte e o sucesso o esperam.
Dia 3.	Cuidado com pequenos obstáculos.
Dia 4.	Nada de extraordinário.
Dia 5.	Não raro, o amor estará em proeminência.
Dia 6.	Nem tudo o que iniciamos está fadado ao sucesso.
Dia 7.	Boas perspectivas para um dia bem-sucedido.
Dia 8.	Cuidado!
Dia 9.	Quando ronda o azar, isso acontece de preferência neste dia.
Dia 10.	Transações financeiras, com freqüência bem-sucedidas.
Dia 11.	Favorável em todos os sentidos.
Dia 12.	Um mal-entendido poderá perturbar uma relação.
Dia 13.	Portador de alegria.

No Teste dos Parceiros

Homem de Macaco		*Mulher de Macaco*	
Vento	○○	Vento	○○○
Crocodilo	○○○○○	Crocodilo	○○○○○
Casa	○○	Casa	○○○○
Lagarto	○○○	Lagarto	○○○○
Serpente	○○○○○	Serpente	○○○○
Morte	○○○	Morte	○○○○
Veado	○○	Veado	○○○
Coelho	○○○○	Coelho	○○○○
Água	○○	Água	○○○○○
Cão	○○○○	Cão	○○
Macaco	○○○	Macaco	○○○
Erva	○○○○○	Erva	○○○○
Cana	○○○○○	Cana	○○
Jaguar	○○○○○	Jaguar	○○○
Águia	○○	Águia	○○○○
Abutre	○○○	Abutre	○○○○○
Terremoto	○○	Terremoto	○○○○
Pederneira	○○	Pederneira	○○○
Chuva	○○○○○	Chuva	○○○○
Flor	○○○	Flor	○○○○○

Pontuação: 1 ponto: nota mínima, 5 pontos: nota máxima

A Erva (Malinalli)

Os nativos de Erva desejam o sucesso a qualquer custo. E têm medo de que isso lhes seja negado.

Os nativos de Erva são os amantes do sucesso, tudo fazendo para alcançá-lo. De vez em quando, para conquistá-lo, também dão com a cabeça na parede. Não sabem desfrutar o sucesso em silêncio. Precisam de público. Isso por vezes se torna constrangedor, pois com freqüência se transformam em exibicionistas. Muitas vezes esse comportamento é sintoma de insegurança interior; não devemos deixar nos enganar pelas aparências. Eles precisam do aplauso dos espectadores para sua auto-afirmação, pois são temerosos, introvertidos e destituídos de uma forte consciência de si mesmos.

Receiam constantemente o ocaso de seu sucesso.

Os nativos de Erva encontrarão muitos admiradores entre os seus amigos, porém muitos invejosos também. Com freqüência, cultivam as amizades visando o benefício próprio, para contar com um público com quem possam jactar-se de suas vitórias.

Na vida profissional, o nativo de Erva nem sempre encontra facilidades. Precisa abrir caminho a cotoveladas para poder progredir. Sua habilidade prática é muito apreciada. Delegar funções nem sempre é o seu forte. Ocasionalmente, rebaixa os colegas à categoria de cúmplices. Manter reserva lhe é penoso. Gosta de intrometer-se em tudo, mesmo quando não lhe pedem diretamente uma opinião. Seu marcante egoísmo o faz perder alguns simpatizantes.

De espírito lúcido, esses nativos analisam rapidamente as questões. Isso os leva a meter o nariz onde não são chamados. Sabem como lidar habilmente com as finanças. Podem transformar uma pequena moeda numa fortuna. Sua vida social não é limitada. Sentem-se bem tanto numa cervejaria como na companhia de gente importante – ou ao menos fingirão que sim. Quer no bar, quer em reuniões da alta roda, escolhem sempre os interlocutores mais importantes. Movem-se com tanta perícia, divertem os convidados tão bem, que isso lhes abre inúmeras portas.

No amor, nem sempre os nativos de Erva têm sorte. Cabe-lhes a culpa disso. Com freqüência, não percebem que, além do sexo, também são necessários o namoro e a ternura. Comportam-se, então, com muita torpeza e insistência. Mas, depois de uma experiência malograda, logo aprendem a se comportar. Desejam obter o respeito das mulheres. Conseguem-no depois de um longo aprendizado. Então desenvolvem grande capacidade de desembaraçar-se de rivais importunos.

A mulher do nativo de Erva tem de ser uma ótima dona-de-casa. Terá de sê-lo necessariamente, pois o marido não se contentará com agrados e carinhos. Ele quer um lar onde tudo funcione perfeitamente e ainda deseja desfrutar em longos haustos a vida sexual. A mulher agirá bem se de vez em quando contestar seus desejos – semelhantes aos de um paxá – caso contrário, ver-se-á na situação de levar-lhe sempre o café na cama. Como mulher, deverá saber ouvi-lo e aplaudir suas façanhas, pois ele sempre está em busca de reconhecimento e admiração.

As mulheres deste signo simplesmente odeiam representar o papel de meras donas-de-casa. Para elas, as conquistas da emancipação nada têm de desprezíveis e não são de curta duração, mas tesouros ideológicos que devem ser levados a sério. Pequenas doses de emancipação também devem ser usadas no casamento, pois quanto mais fraco for o homem, mais ela se emancipará. Se o marido for um "herói de chinelos", logo estará lavando os pratos (e sem a ajuda de uma máquina de lavar louças), empurrará o carrinho do bebê, trocará as fraldas dos filhos, enquanto a mulher apenas o orientará e controlará tudo. Mas, se as coisas não forem tão longe assim, a mulher de Erva se revelará uma esposa ideal, que compreende o significado da palavra companheirismo. Ajudará o homem a se sobressair na vida. Afinal, ele escolheu para si uma mulher que, além de fisicamente encantadora, também tem consciência do seu valor. Jamais esse tipo de mulher recorrerá às lágrimas para conseguir do marido o que deseja. Tal atitude prejudicar-lhe-ia a imagem, deixando-a na defensiva. O homem terá na mulher de Erva uma companheira divertida durante toda a vida. Trata-se de alguém com quem terá de competir todos os dias, e alguma divergência será inevitável. Mas os psicólogos afirmam que as brigas conjugais podem salvar um casamento. Parece contraditório, mas os maridos das mulheres de Erva podem constatar isso.

Dia 1.	Não se trata de um dia muito favorável: há alguns perigos à espreita.
Dia 2.	Equilíbrio entre bons e maus prognósticos.
Dia 3.	Bom para o amor e o casamento.
Dia 4.	Cuidado com os assuntos financeiros.
Dia 5.	Grandes projetos devem ser marcados para hoje, pois muitas coisas terão êxito.
Dia 6.	Cuidado! Pode haver uma maré de azar.
Dia 7.	Boas perspectivas para todos os empreendimentos.
Dia 8.	Quem for cauteloso evitará percalços.
Dia 9.	Muita coisa poderá não dar certo.
Dia 10.	Dia favorável em todos os domínios.
Dia 11.	Boas as perspectivas relacionadas com o amor e o dinheiro.
Dia 12.	Haverá alegria de viver.
Dia 13.	Os prognósticos favoráveis serão preponderantes.

No Teste dos Parceiros

Homem de Erva		*Mulher de Erva*	
Vento	○○○	Vento	○○
Crocodilo	○○○○○	Crocodilo	○○
Casa	○○○	Casa	○○
Lagarto	○○○○○	Lagarto	○○○○○
Serpente	○○○○	Serpente	○○○○○
Morte	○○○	Morte	○○
Veado	○○○○○	Veado	○○○○○
Coelho	○○○	Coelho	○○
Água	○○○○	Água	○○
Cão	○○○	Cão	○○
Macaco	○○○○	Macaco	○○○○○
Erva	○○	Erva	○○
Cana	○○○	Cana	○○
Jaguar	○○○○	Jaguar	○○○○○
Águia	○○	Águia	○○
Abutre	○○○	Abutre	○○○○○
Terremoto	○○○○	Terremoto	○○○
Pederneira	○○○○	Pederneira	○○
Chuva	○○○○	Chuva	○○
Flor	○○○○	Flor	○○○○○

Pontuação: 1 ponto: nota mínima, 5 pontos: nota máxima

A Cana (Acatl)

A maior paixão do nativo de Cana são as aventuras. Quando estão no auge do perigo, sabem dominar a situação.

Vento e tempestade – esta é a idéia dos astecas – alcançam a terra através da cana. O elemento água e a cor vermelha freqüentemente foram associados à cana.

Os nativos deste signo tendem a se excitar com facilidade. Se as coisas acontecem contra a sua vontade, eles se sentem imediatamente magoados; o espectro de suas reações vai do mau-humor até a ira violenta. Sempre se sentem compelidos a empreender coisas novas. Mantêm-se no emprego fixo por senso de dever; contudo, no fundo do coração, isso os aborrece; gostariam de fugir. Por essa razão, sentem constantes desejos de sair de férias. Também gostam de aproveitá-las viajando para terras distantes. As ocupações que lhes dariam prazer são: vaqueiro, aventureiro e navegador. Reúnem em seu caráter a selvageria de um cavalo e a obstinação de uma criança.

Os nativos de Cana gostam do som da própria voz e apreciam ter uma audiência. Às vezes exageram, mas o fazem com tanta habilidade, que é preciso conhecê-los bem para perceber seus pequenos exageros. O repertório de "mentiras necessárias" faz parte de suas vidas. Com elas seguem pela vida silenciosos, mas cientes do seu objetivo.

Os nativos deste signo desfrutam o lado bom da vida, embora entre eles os ricos ou milionários não sejam maioria. Dedicação e um pouco de sorte fazem com que sejam um pouco mais ricos do que seus vizinhos. Se perseguidos pelo infortúnio na vida social e profissional, conseguem reabilitar-se graças à organização e ao faro para negócios ou às posições que os fazem recuperar-se logo dos reveses financeiros.

As mulheres de Cana sabem como enfrentar a vida – inclusive os homens. Estes as cobiçam. Elas possuem um sexto sentido que lhes permite separar o joio do trigo entre os homens pelos quais são cortejadas. Com lânguidos olhares não é possível aproximar-se delas. Precisam ter a certeza de que o pretendente não está se valendo de seu poder de sedução, se não aspira apenas obter as delícias da cama, usando as prerrogativas do seu corpo. Os homens que desejarem uma mulher de Cana devem primeiro assegurar-se de que têm uma carreira estável. A nativa deste signo também valoriza uma boa conta bancária ou a possibilidade de obtê-la algum dia. Esse tipo de mulher pode dar-se ao luxo de exercer a prerrogativa da escolha no mercado casamenteiro, pois não lhe faltarão pretendentes graças à belíssima aparência e ao seu fascínio arrasador.

O homem de Cana possui menos caráter do que a mulher do mesmo signo. Quando moço, exalta-se facilmente e prefere borboletear do que iniciar um relacionamento mais estável com uma mulher. Pertence a um gênero de amantes que gostam de controlar um verdadeiro harém de namoradas, tomando apenas cuidado para que elas não saibam da existência umas das outras. Mas quando não consegue evitar certas ocorrências, devido a alguma falha de organização, é profundamente afetado. Não verterá lágrimas, mas preferirá uivar como um lobo das montanhas. Mas logo superará a crise e, na maioria das vezes, de nada lhe serve a lição. Ao contrário: depois dessas cenas, dedicar-se-á com mais empenho do que nunca às suas conquistas amorosas. Quando, por fim, encontrar a mulher dos seus sonhos (ou melhor, quando ela conseguir conquistá-lo e colocar-lhe delicadamente a aliança no dedo), sofrerá uma mudança notável.

O homem de Cana pode transformar-se num marido ideal, que se aninhará no colo da companheira ronronando como um gato caseiro. Infidelidades nem lhe passam pela cabeça: na verdade, foge delas como o diabo da cruz.

Dia 1.	Os prognósticos são desfavoráveis.
Dia 2.	Coisas boas e más se equilibram.
Dia 3.	Presságios favoráveis, em especial no que diz respeito às finanças.
Dia 4.	Aja com cautela.
Dia 5.	Pode haver surpresas desagradáveis.
Dia 6.	Não pretenda realizações em excesso. Probabilidade de fracasso.
Dia 7.	Prognósticos favoráveis para todos os empreendimentos.
Dia 8.	Equilíbrio entre sorte e azar.
Dia 9.	Maré de azar à vista! Aja com cuidado.
Dia 10.	Na maior parte, o dia será bom.
Dia 11.	Boas realizações no amor serão trazidas por este dia.
Dia 12.	Os prognósticos para quaisquer atividades não são maus.
Dia 13.	Bom para os negócios.

No Teste dos Parceiros

Homem de Cana		Mulher de Cana	
Vento	○○○	Vento	○○
Crocodilo	○○○○○	Crocodilo	○○○
Casa	○○○	Casa	○○
Lagarto	○○○○	Lagarto	○○○○○
Serpente	○○	Serpente	○○○○○
Morte	○○○○	Morte	○○○
Veado	○○○○○	Veado	○○○○
Coelho	○○○○○	Coelho	○○○
Água	○○○	Água	○○○
Cão	○○○○○	Cão	○○
Macaco	○○	Macaco	○○○○○
Erva	○○	Erva	○○○
Cana	○○○	Cana	○○○
Jaguar	○○○○○	Jaguar	○○○○○
Águia	○○○○○	Águia	○○
Abutre	○○○○○	Abutre	○○○○○
Terremoto	○○○○○	Terremoto	○○○
Pederneira	○○○○○	Pederneira	○○
Chuva	○○	Chuva	○○
Flor	○○○○○	Flor	○○○○○

Pontuação: 1 ponto: nota mínima, 5 pontos: nota máxima

O Jaguar (Ocelotl)

Os nativos de Jaguar têm muitas habilidades as quais nem sempre usam. Que pena! Como poderiam progredir!

A comparação dos nativos deste signo com o jaguar é apenas parcial. Desde o berço, são indivíduos agraciados pela sorte. A natureza lhes dá o que os outros tem de lutar arduamente para conseguir. Graças à sua capacidade, poderiam destacar-se em várias áreas sobre os demais. Comportam-se, entretanto, como motoristas que conduzem um carro de corrida na pista a apenas 30 quilômetros por hora, sem utilizar-se da enorme capacidade do motor que possuem. Em outras palavras: não esgotam a capacidade do motor do carro que têm. Onde estariam esses nativos se fossem mais corajosos e empreendedores? Que posições ocupariam na política, na administração, na carreira empresarial ou nos negócios particulares? Os nativos de Jaguar não aproveitam todas as suas oportunidades. Estão sempre prontos a iniciar uma atividade, mas no final acabam retrocedendo. Será que se arrependem depois? A resposta será: a maioria terá apenas lampejos de arrependimento, pois de qualquer modo sabem levar uma vida muito diversificada. No fundo, é-lhes muito mais importante pensar no futuro do que lamentar o passado. O nativo deste signo vive à procura da felicidade. Para ele, a coisa mais valiosa é o seu bem-estar pessoal, além do próprio prazer. Nesse setor, age como caçador incansável que não se concede nem um momento de repouso. Para capturar um Jaguar, um gato selvagem, a mulher precisa ter qualidades pouco comuns e grande capacidade para se impor. Quando o jaguar finge ser dócil, um animalzinho que ronrona e se deita aos seus pés, isso não significa que ele foi domesticado a ponto de cair na armadilha representada pelo casamento. As mulheres que observarem mais de perto os homens de Jaguar logo descobrirão que eles têm de ser capturados, porque – sobretudo na juventude – odeiam os vínculos permanentes. Livres e aventureiros por natureza, preferem as aventuras passageiras à limitada corrida em volta do mesmo lugar. O Jaguar vagará durante certo tempo – às vezes, demasiadamente – nas reservas destinadas às caçadas, perseguindo uma presa para o casamento. Dessa forma, a mulher que conseguir conquistá-lo não deve dormir sobre os louros da vitória, porque o Jaguar sempre repetirá as "caçadas": na verdade, os homens dessa índole gostam de ser reconquistados todos os dias. Com um nativo de Jaguar, a mulher viverá toda uma vida de aventuras.

E como serão as coisas no sentido contrário? Qual será o tipo da mulher de Jaguar? Para o conhecedor, devemos defini-la assim: ambivalente, pois tanto vive no plano das emoções como no das ações. Por um lado, gosta de representar a gatinha ronronante que se instala aos pés do seu senhor, sedenta de amor; por outro lado, pertence ao tipo de mulheres que procuram afirmação na própria carreira ao lado dos maridos. Isso leva a situações de conflito, pois a mulher não renunciará ao sucesso pessoal para agradar ao homem. Como se conquista a confiança de uma mulher do signo de Jaguar? É necessário tentar conquistá-la com muito romantismo e amor. Feita a conquista, é preciso cuidar dos detalhes práticos do casamento: a mulher precisa sentir que lhe reconhecem o valor e que seu desejo de êxito é respeitado. O homem que lhe encher o regaço com uma enorme prole torná-la-á muito infeliz. Porém, é preciso tomar o cuidado de não esquecer de namorá-la, apesar de todo o reconhecimento pela sua carreira e desenvolvimento pessoal, que podem abranger também o âmbito social e cultural. Como dizem os conhecedores, manter uma mulher de Jaguar bem-humorada durante toda a vida é uma tarefa de tempo integral.

Dia 1.	Nada acontecerá de extraordinário.
Dia 2.	Bom para o amor.
Dia 3.	Transforme agora os planos em ação.
Dia 4.	Cuidado! Aproxima-se uma maré de azar!
Dia 5.	Possíveis surpresas desagradáveis.
Dia 6.	Com um pouco de cuidado, as coisas podem dar certo.
Dia 7.	Bons prognósticos.
Dia 8.	Pode haver problemas no amor.
Dia 9.	Cuidado! Aproxima-se uma maré de azar.
Dia 10.	Dia favorável em todos os aspectos.
Dia 11.	Bom para iniciativas.
Dia 12.	Dia favorável.
Dia 13.	O sol brilha sobre todos os setores.

No Teste dos Parceiros

Homem de Jaguar		*Mulher de Jaguar*	
Vento	○○○○	Vento	○○○
Crocodilo	○○○	Crocodilo	○○○○○
Casa	○○○○	Casa	○○○○○
Lagarto	○○○○	Lagarto	○○○○
Serpente	○○○	Serpente	○○○○
Morte	○○○○	Morte	○○○○
Veado	○○	Veado	○○○○
Coelho	○○○○	Coelho	○○○○○
Água	○○○	Água	○○○○
Cão	○○○○	Cão	○○○
Macaco	○○○	Macaco	○○○○○
Erva	○○○○○	Erva	○○○○
Cana	○○○○○	Cana	○○○○○
Jaguar	○○○	Jaguar	○○○
Águia	○○	Águia	○○○○○
Abutre	○○○	Abutre	○○○
Terremoto	○○○	Terremoto	○○○○○
Pederneira	○○	Pederneira	○○○
Chuva	○○○	Chuva	○○○○
Flor	○○○	Flor	○○○

Pontuação: 1 ponto: nota mínima, 5 pontos: nota máxima

A Águia (Quauhtli)

Em sua maioria, os nativos de Águia são criaturas solitárias que prezam a qualidade da vida. Não estão longe do egoísmo.

Não é fácil confiar logo nos nativos de Águia. Eles ostentam uma couraça impermeável. Em geral, são uns solitários que, apesar de valorizarem o próximo, ainda assim sempre se mantêm na retaguarda. Como são um pouco egoístas, sempre conquistam posições de destaque na vida.

Muitos dos nativos de Águia consideram muito importantes os símbolos exteriores da posição social. Destacam-se por sua aparência bem-cuidada. Detestam roupas desleixadas.

Segundo eles, na vida, só se ganha na loteria ou se herda uma fortuna. Não ocorrendo nenhuma dessas possibilidades, resta ainda um casamento por conveniência. Por conseqüência, os homens de Águia planejam sua vida matrimonial. Talvez não estejam exatamente de olho no dote da noiva mas, seja como for, escolhem uma mulher que possa ajudá-los a se realizarem, que não ofereça obstáculos à sua carreira e aos seus propósitos de ganhar dinheiro. Deve, portanto, ser uma mulher que irradie simpatia e que seja espirituosa. Eles a desejam a seu lado e também conseguem o seu intuito. Assim que acham sua "mulher ideal", transformam-se em maridos exemplares. Se a mulher se emancipar durante o casamento, logo a paz doméstica irá pelos ares. Nada pode irritar mais o homem de Águia do que ter de se adaptar e obedecer a alguém, mesmo que se trate da própria esposa. Se esta lhe disputar o primeiro lugar no governo da família, ele se comporta como um touro agredido na arena. Se a mulher não for estraçalhada por seus chifres, pode-se considerar com sorte. Apesar de calculistas, esses homens ainda conservam certo romantismo, desde que não se sintam sufocados no casamento. Usando de certa dose de psicologia, as mulheres descobrirão que os maridos de Águia podem ser muito confiáveis e amorosos. As mulheres de Águia esperam equiparar-se aos maridos, quer na vida matrimonial, quer na profissional. Conseguem dominar facilmente até mesmo os problemas profissionais, a organização doméstica de uma família numerosa, e ainda lhes sobra tempo para se dedicarem intensamente à arte e à cultura. Elas não conseguem travar amizades de imediato, pois não confiam nas pessoas à primeira vista. Reúnem lentamente um círculo de amizades que, entretanto, não serão superficiais e durarão toda a vida.

No amor, as mulheres de Águia são consideradas exigentes e pretensiosas. Só depois de refletir muito bem é que estabelecem um vínculo mais definitivo. A escolha lhes é difícil, porque esperam demais do pretendente. Jamais se casariam com um homem insignificante ou volúvel. Ele terá de ter personalidade marcante. Tudo o que essas mulheres fazem é com discernimento. Quando, porém, se trata de amor e casamento, então são bastante cerebrais, não se deixando guiar apenas pelo coração. Jamais esse tipo de mulher será escrava da casa ou do sexo. Ao casar-se com elas, é necessário saber argumentar e raciocinar, para não ser chamado de "nulidade". Para impressionar a mulher de Águia, não bastam um olhar terno e gestos afetuosos.

Na família da mulher deste signo, as brigas serão constantes: essa situação poderá ser comparada a uma tempestade. Quando ela passa, então o ar fica limpo, as nuvens se dissipam e o sol brilha no céu conjugal. Depois de uma dessas brigas conjugais, as mulheres de Águia não guardam rancor. Esses conflitos servem para esclarecer situações, o que é periodicamente necessário. Logo o sol resplandece novamente.

Dia 1.	Não é portador de bons presságios.
Dia 2.	As coisas boas e más se neutralizam.
Dia 3.	Traz bons prognósticos.
Dia 4.	Aja com cautela, principalmente em assuntos financeiros.
Dia 5.	É melhor não realizar grandes projetos.
Dia 6.	Pode haver sucesso em muitas coisas.
Dia 7.	É melhor não realizar grandes projetos.
Dia 8.	Seja cauteloso.
Dia 9.	Não arrisque nada. O dia está sob mau influxo.
Dia 10.	A maior parte do dia será favorável.
Dia 11.	Bons prognósticos; podem-se assumir alguns riscos.
Dia 12.	Favorável aos assuntos financeiros e ao amor.
Dia 13.	Com freqüência, trará alegrias e sucesso.

No Teste dos Parceiros

Homem de Águia		*Mulher de Águia*	
Vento	○○○	Vento	○○○○
Crocodilo	○○○○	Crocodilo	○○○
Casa	○○○○○	Casa	○○○
Lagarto	○○○○○	Lagarto	○○
Serpente	○○○○	Serpente	○○
Morte	○○	Morte	○○○○
Veado	○○○○○	Veado	○○
Coelho	○○○	Coelho	○○○
Água	○○○○○	Água	○○○
Cão	○○	Cão	○○○○
Macaco	○○○○	Macaco	○○
Erva	○○	Erva	○○
Cana	○○	Cana	○○○○○
Jaguar	○○○○○	Jaguar	○○
Águia	○○○○○	Águia	○○○○○
Abutre	○○○	Abutre	○○
Terremoto	○○○○	Terremoto	○○○
Pederneira	○○○○○	Pederneira	○○○○
Chuva	○○○○	Chuva	○○○
Flor	○○○○○	Flor	○○

Pontuação: 1 ponto: nota mínima, 5 pontos: nota máxima

O Abutre (Cozcaquauhtli)

Os nativos de Abutre são criaturas metódicas que planejam detalhadamente suas vidas. Na maioria, se desenvolvem na idade madura.

Gostamos de falar nessas pessoas cuja evolução só acontece tarde na vida. Os nativos de Abutre podem ser descritos assim: na infância e na juventude, passam por momentos de dificuldade; conseguem superar as doenças, e na escola não são marcados pelo sucesso, obtendo resultados que lhes assegurariam uma posição no mundo do trabalho. Muitos deles voltam da escola com o nariz sangrando e precisam buscar consolo no colo do pai ou da mãe, pois o colega de classe foi novamente o mais forte. Contudo, os nativos de Abutre conseguem melhorar com o passar do tempo. Se não tocam de início o primeiro violino, farão tudo para conseguir tocá-lo e serão os solistas.

As pessoas de Abutre planejam suas vidas. Não se desviarão da trilha em virtude das tentações representadas pelo sexo oposto. Farão exatamente aquilo a que se propuseram. Nem mesmo a mulher mais sedutora poderia desviar o homem de Abutre dos seus deveres profissionais. O senhor "Abutre" pensa unicamente na carreira e nos benefícios advindos dela. Só quando obtiver esse sucesso e estiver sentado na poltrona da chefia é que dará ouvidos ao canto das sereias. Nisso demonstra tanta personalidade e é tão conseqüente que se pode denominá-lo solteirão impenitente.

Os nativos de Abutre – quer homens, quer mulheres – raramente serão perdulários. Definitivamente, negócios que envolvam riscos não são para eles. Darão preferência a uma política de contenção de despesas. Entre eles dificilmente encontraremos um corretor da Bolsa de Valores. Conseguem sucesso material graças à sua perspicácia e a uma boa dose de sorte, melhorando e nunca regredindo na vida.

Tudo o que o "Abutre" acumular será seu, e ele não o perderá. Não que seja mesquinho. Não, ele gosta de viver e viver com conforto. Mas conhece os limites. Metódico como é, não se arrisca no mercado financeiro.

Quanto vale o homem de Abutre no amor? Muitíssimo, poderíamos dizer. É natural que ele não seja tão conquistável, pois parece ser muito mais introvertido do que na realidade é. Na verdade, é o que se pode definir de correto, pessoa ajuizada que tem os seus momentos de loucura: uma garrafa de vinho em boa companhia, uma festa à qual também comparecem mulheres fáceis, enfim, uma orgia. Ele necessita movimentar-se em liberdade. Não é do tipo que pode ser apresentado às coleguinhas com os chinelos na mão. A mulher em busca de um marido pode incluir um homem de Abutre na lista de possibilidades. Independentemente de suas virtudes intrínsecas, pode-se ter a certeza de que ele possuirá uma sólida base financeira para poder casar.

As mulheres do signo de Abutre não diferem muito dos homens deste signo. Também as conheceremos melhor depois de alguns encontros e chegaremos a amá-las. Trata-se de gatas manhosas que saberão proporcionar ao homem um lar aconchegante. Mas não devem representar para ele apenas um objeto sexual. Se o homem cometer esse engano, logo enfrentará uma ação de divórcio. A mulher de Abutre sabe ser econômica e proporcionar prazer ao marido. Mas ele não deve cometer o erro de confundi-la com uma empregada. Esse erro faria com que ela lhe jogasse o esfregão na cara;

afinal, as mulheres de Abutre são impulsivas e conhecem o seu valor – também no matrimônio. Gostam de ser valorizadas. O homem que souber fazer isso, nada terá a recear da fidelidade da mulher.

Dia 1.	Bom para concretizar todos os planos.
Dia 2.	Não acontecerá nada de extraordinário.
Dia 3.	Realize agora os projetos.
Dia 4.	Cuidado! Maré de azar!
Dia 5.	Possível ocorrência de surpresas positivas e também negativas.
Dia 6.	Nem tudo precisa dar certo.
Dia 7.	Em geral, os prognósticos são favoráveis.
Dia 8.	Possíveis problemas no amor.
Dia 9.	Pode trazer azar.
Dia 10.	Equilíbrio de influências negativas e positivas.
Dia 11.	A maior parte do dia será favorável.
Dia 12.	Nenhum prognóstico extraordinário.
Dia 13.	Dia propício ao sucesso.

No Teste dos Parceiros

Homem de Abutre		*Mulher de Abutre*	
Vento	○○	Vento	○○○○
Crocodilo	○○○○○	Crocodilo	○○○○○
Casa	○○	Casa	○○○○○
Lagarto	○○○○○	Lagarto	○○○○
Serpente	○○○○○	Serpente	○○○○○
Morte	○○○○○	Morte	○○○○○
Veado	○○	Veado	○○○
Coelho	○○	Coelho	○○○○
Água	○○	Água	○○○
Cão	○○○	Cão	○○○○
Macaco	○○○○○	Macaco	○○○
Erva	○○○○○	Erva	○○○
Cana	○○○○○	Cana	○○○○○
Jaguar	○○○	Jaguar	○○○
Águia	○○	Águia	○○○
Abutre	○○○○○	Abutre	○○○○○
Terremoto	○○	Terremoto	○○○○
Pederneira	○○	Pederneira	○○○○
Chuva	○○○○○	Chuva	○○○○
Flor	○○○○	Flor	○○○○○

Pontuação: 1 ponto: nota mínima, 5 pontos: nota máxima

O Terremoto (Ollin)

Os nativos de Terremoto são marcados pela inquietação. Desejam obter sucesso e para tanto enfrentam qualquer perigo.

Gostaríamos de colar os nativos de Terremoto na cadeira, pois estão em constante movimento e se comportam como se tivessem sido picados por uma abelha no traseiro. Quando um desses nativos passa as férias à beira-mar, em geral aluga, debalde, a espreguiçadeira. Ficar deitado horas sem fim, inerte, é-lhe impossível. Ele gosta de aventuras.

Os nativos de Terremoto são muito inteligentes. Na vida profissional, querem ser remunerados por seu intelecto e idéias e não por sua efetiva aplicação ao trabalho. Não apreciam cargos profissionais que exijam longos anos de trabalho contínuo. Gostam de assumir riscos e vencer devido à inteligência. Coitado de quem tiver um chefe nascido sob o signo de Terremoto! Experimentará constantes atritos profissionais. Se tal subordinado não sintonizar com esse chefe, pode tratar de arranjar outro emprego. Ter sucesso: eis o lema do nativo de

Terremoto. Ele pretende alcançar esse objetivo usando suas idéias e descobertas. Na maioria das vezes, obtém êxito. Afinal, ele dispõe da necessária energia para concretizar seus fins. Esses "irrequietos" apreciam um lar confortável. No entanto, dificilmente os encontraremos ali. Seu sangue efervescente os impele a participar de todos os tipos de manifestações e a freqüentar festas e reuniões. Gostam de sair bem vestidos e de freqüentar casas noturnas; é de sua índole. O nativo de Terremoto gosta que o reconheçam, pois é muito vaidoso e quer ser admirado por todos os êxitos que obtém. As derrotas o deprimem e ele as ignora. Procura escondê-las dos colegas, dos amigos e até mesmo dos familiares.

Os homens que nascem sob este signo são bem sucedidos com as mulheres. Conhecem a arte da sedução e se utilizam dela. Às vezes cometem abuso de confiança. Para o nativo de Terremoto, o amor se assemelha à espuma borbulhante do champanha que acaba por nos embriagar. Quando se trata de seduzir a mulher, possui vastíssimo repertório de estratagemas. Sempre saberão qual a tática mais apropriada: a onda romântica ou a "posse direta". A mulher que se casar com um nativo de Terremoto deve ser alertada para o fato de que o vínculo matrimonial para ele é algo feito de material muito poroso. Convém que ela dedique bastante tempo à observação das rivais. Uma mulher bonita logo transforma o nosso nativo num casanova. Ele se comportará como conquistador até a idade avançada. O livro de Curd Jürgens parece ter sido escrito sob encomenda para ele: *Sessenta anos e nem um pouco mais sabido*.

As mulheres de Terremoto podem ser fascinantes. No amor, preferem o caminho direto e deixam muitos homens admirados com a sua maneira descomplicada de ser. Quanto ao casamento, têm um ponto de vista prático: afinal, os filhos precisam ter um nome e certas coisas ficam mais fáceis com o casamento, tanto no âmbito financeiro como no social. Para elas também serviria bem uma "amizade colorida", um relacionamento livre. Isso também não quer dizer que troquem de parceiro como os homens trocam de camisa. Jamais se prostituiriam. São por demais virtuosas e talvez também um pouco preguiçosas para isso. Se a mulher encontrar o homem certo no seu caminho, então ela lhe será fiel durante toda a vida. Os critérios de seleção que usa são rígidos. De uma coisa temos certeza: não aceitará o tipo do contador calvo e barrigudo. Também não poderá faltar dinheiro e se, à moda dos escoceses, o homem for avarento, não a conquistará jamais. As mulheres de Terremoto gostam de representar quando estão ao lado do marido, gostam de fingir que são melhores do que as outras e, em certas ocasiões, ostentam os sinais exteriores da sua condição social. Gostam de comprar suas roupas nos melhores *shoppings*; nunca as comprariam na loja mais barateira. Num carro velho e malcuidado, sentem-se tão à vontade como uma freira no meio de um time de boliche. Sempre se apresentarão bem cuidadas. Apesar de toda essa superficialidade, se encontrarem um parceiro, esforçar-se-ão para apresentar-lhe um lar confortável. Um bom conselho para os homens que pretendem se casar: vale a pena cogitar em levar a mulher de Terremoto para o altar.

Dia 1.	Nada acontecerá de extraordinário.
Dia 2.	Pode trazer surpresas positivas, mas também negativas.
Dia 3.	Seja cauteloso.
Dia 4.	Pode haver surpresas desagradáveis.
Dia 5.	Nem tudo precisa dar certo.
Dia 6.	Realize agora os projetos.
Dia 7.	Em geral, bons prognósticos.
Dia 8.	Pode haver complicações no amor.
Dia 9.	Cuidado! Aproxima-se o azar!
Dia 10.	A maior parte do dia será favorável.
Dia 11.	Nenhum problema.
Dia 12.	É necessário agir com cuidado.
Dia 13.	Os grandes empreendimentos devem ser iniciados agora.

No Teste dos Parceiros

Homem de Terremoto		*Mulher de Terremoto*	
Vento ____	○○○○	Vento ____	○○○○○
Crocodilo ____	○○○	Crocodilo ____	○○○
Casa ____	○○○	Casa ____	○○○○
Lagarto ____	○○○	Lagarto ____	○○
Serpente ____	○○○○	Serpente ____	○○○○
Morte ____	○○○	Morte ____	○○○
Veado ____	○○○○	Veado ____	○○○○○
Coelho ____	○○○○○	Coelho ____	○○○
Água ____	○○○	Água ____	○○○
Cão ____	○○○○○	Cão ____	○○○○○
Macaco ____	○○○○	Macaco ____	○○
Erva ____	○○○	Erva ____	○○○○
Cana ____	○○○	Cana ____	○○○○○
Jaguar ____	○○○○○	Jaguar ____	○○○
Águia ____	○○○	Águia ____	○○○○
Abutre ____	○○○○	Abutre ____	○○
Terremoto ____	○○○○○	Terremoto ____	○○○○○
Pederneira ____	○○○	Pederneira ____	○○○○
Chuva ____	○○○○	Chuva ____	○○○
Flor ____	○○○○	Flor ____	○○○

Pontuação: 1 ponto: nota mínima, 5 pontos: nota máxima

A Pederneira (Tecpatl)

Os nativos de Pederneira são francos e gostam do caminho direto. Enfrentam as tempestades da vida com inteligência e estratégia.

Os nativos de Pederneira são combativos, desde a risca dos cabelos até a sola dos pés. Enfrentam as tempestades em silêncio e detestam os métodos suspeitos. Querem que a vida seja sempre animada como acontece na feira. Quer no trabalho, quer na vida particular, reina sempre intranqüilidade excessiva que, de súbito, ateia fogo em algum setor. Os colegas de trabalho passam por momentos difíceis. Mesmo os superiores não são poupados. Portanto, é dessa maneira que conseguem evoluir na carreira.

Os nativos de Pederneira aliam à vitalidade saudável, uma certa perspicácia e esperteza. São diretos e francos. Não adotam o comportamento esquivo e confiam muito em si mesmos. Podemos confiar neles, pois sua palavra tem valor. Apesar da fraqueza, são considerados bons amigos, dos que procuramos quando necessitamos de conselhos e cujo préstimo podemos aceitar incondicionalmente. Nada pode tirar-lhes a calma, pois têm nervos de aço.

Os nativos de Pederneira são ótimos companheiros nos negócios. Às vezes gostam de pechinchar, como os armênios, mas nunca venderão gato por lebre. São do tipo de quem se pode comprar um carro usado. Enfrentam os bons e maus momentos com alegria.

Têm um faro especial para descobrir as coisas realizáveis e os bons negócios e, devidamente encarreirados, certamente nunca passarão fome. Desse tino comercial são dotados tanto os nativos como as nativas de Pederneira.

No amor, os homens de Pederneira apostam alto: desejam logo tudo. Nada de hesitações. Com efeito, eles são atrevidos, pretendem alcançar logo o máximo. Sempre são bem-sucedidos nas conquistas amorosas graças à sua aparência, à consciência da atração que exercem. Na juventude, gostam da "conquista rápida". Comportam-se como atletas em competição. Quando maduros, são ainda parceiros vigorosos e bastante solicitados. Por quê? A resposta é simples. Porque são tranqüilos, já que aproveitaram demais a juventude. Quando resolvem enfrentar as responsabilidades do casamento, nenhuma mulher pode levá-los à infidelidade conjugal. Além disso, acertaram tanto na escolha que os advogados divorcistas podem desistir de lucrar com eles. Por acréscimo, trazem para o casamento uma vasta experiência erótica, o que torna a vida conjugal rica e nada monótona, como um filme de suspense. A mulher é valorizada como tal, tem de entender que o casamento com esse nativo não se passa apenas "ao redor da mesa da cozinha". As mulheres deste signo também são impetuosas. Às vezes essa impetuosidade altera a capacidade analítica que manifestam em outros setores da vida. Isso lhes ocasiona amargas decepções. Mas as mulheres de Pederneira conseguem cicatrizar logo as feridas causadas pelas desilusões amorosas. Na conquista seguinte, já aprenderam uma lição: um príncipe encantado não terá chance com elas. Velhos *playboys* também não conseguirão conquistá-las para o casamento. A mulher de Pederneira procura homens dispostos a reconquistá-la todos os dias, namorando-a constantemente. Não raro, o marido de uma nativa de Pederneira vai parar numa clínica de recuperação. . . recomendada pelos médicos, não devido à tensão profissional, mas por "excessos" na vida matrimonial. As mulheres de Pederneira são as mais encantadoras que se possa imaginar. Só quando sofrem acessos de mau-humor tornam-se insuportáveis. Essas mudanças bruscas de temperamento, entretanto, são passageiras. Se fizermos uma análise geral, podemos recomendar aos homens o casamento com mulheres deste signo, aconselhando-os a conquistarem-nas durante uma tempestade.

Dia 1.	Pode haver complicações no amor e no casamento.
Dia 2.	Equilíbrio de bons e maus prognósticos.
Dia 3.	Favorável aos grandes empreendimentos.
Dia 4.	Cuidado.
Dia 5.	Possíveis surpresas desagradáveis.
Dia 6.	Cautela, porque nem tudo que empreender será bem-sucedido.
Dia 7.	Em geral, bons prognósticos.
Dia 8.	No amor nem tudo correrá bem.
Dia 9.	Quem não se precaver, pode ser tragado pelo azar.
Dia 10.	A maior parte do dia será favorável.
Dia 11.	Projetos há muito parados devem ser encetados.
Dia 12.	Neste dia, vale a pena viver.
Dia 13.	Nenhuma nuvem pode perturbar os ânimos.

No Teste dos Parceiros

Homem de Pederneira		*Mulher de Pederneira*	
Vento	○○	Vento	○○○○○
Crocodilo	○○○○○	Crocodilo	○○○○
Casa	○○○○	Casa	○○○
Lagarto	○○○○	Lagarto	○○
Serpente	○○○○	Serpente	○○
Morte	○○○	Morte	○○○
Veado	○○○○○	Veado	○○○
Coelho	○○○○○	Coelho	○○○
Água	○○○○	Água	○○○
Cão	○○○	Cão	○○○○○
Macaco	○○○	Macaco	○○
Erva	○○	Erva	○○○○
Cana	○○	Cana	○○○○○
Jaguar	○○○	Jaguar	○○
Águia	○○○○	Águia	○○○○○
Abutre	○○○○	Abutre	○○
Terremoto	○○○○	Terremoto	○○○
Pederneira	○○○○	Pederneira	○○○○
Chuva	○○○○	Chuva	○○○○
Flor	○○○	Flor	○○

Pontuação: 1 ponto: nota mínima, 5 pontos: nota máxima

A Chuva (Quiauitl)

Os nativos de Chuva não têm tendência à melancolia; no entanto, seus estados de espírito apresentam constantes oscilações.

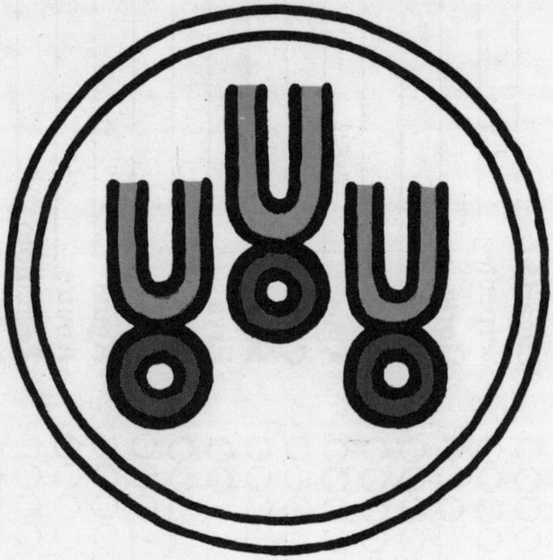

Os astecas reverenciam a chuva como um fenômeno extraordinário. A ela se deve a fertilidade do solo que os preserva da fome.

Os nativos de Chuva não são muito diferentes das condições meteorológicas – na Europa central, note-se bem. O céu de seu temperamento nem sempre está claro, de vez em quando é toldado por uma nuvem, e os estados depressivos correspondem aos temporais. Seu humor pode ser definido como "instável". Porém, cabe lembrar que sua natureza é essencialmente alegre. Seria injusto considerá-los filhos da tristeza. Sua alegria é muitas vezes contagiosa. Nas reuniões, muitos dos convivas tristonhos logo se animam ao entrar em contato com nativos de Chuva. Mas é necessária outra comparação com as condições climatéricas da Europa central: depois da tempestade logo vem a bonança. Se os nativos de Chuva ficam mal-humorados, então pode ser o diabo! E, se a pessoa que estiver conversando com ele disser uma palavra que o desagrade, então convém sair de perto. Logo os cantos de sua boca se contraem num esgar de descontentamento. Pode-se ver em seu rosto que ficou ofendido – na verdade ele o está profundamente. Mas não receiem nada. Algumas palavras gentis, talvez um pedido de desculpas, e logo voltará a reinar a alegria.

Quem for casado com uma mulher de Chuva, deveria reagir com muita sutileza ao barômetro dos temperamentos. Com alguns gestos amáveis e com a ajuda de um pouco de perspicácia, o marido poderá enfrentar os eventuais acessos de mau-humor da esposa e ficará dia e noite em companhia de uma mulher muito alegre. Deve compenetrar-se de que sua mulher fará por ele qualquer sacrifício. Nenhuma renúncia será suficientemente grande para um companheiro solícito e amoroso. A maioria das mulheres de Chuva é bonitinha, e elas são muito desejadas para o casamento.

Os homens de Chuva têm temperamento menos agradável. Obtêm os resultados que ambicionam graças à vontade firme, e não à alegria, que se alterna com períodos de bom humor. Esses nativos freqüentemente são tensos, sendo conveniente sairmos do seu caminho, se não quisermos nos aborrecer. Graças a esforços denodados e a manobras hábeis, logram ascender na escala social. Por essa razão, nem sempre conseguem ter amigos. Mas quem quer subir não se importa de abrir caminho "socando os olhos" dos colegas de trabalho. Estes, com o "olho arroxeado", não hesitam mais tarde em dar-lhe uma "rasteira".

Os nativos de Chuva de ambos os sexos possuem qualidades dignas de nota, que lhes proporcionam grandes vantagens financeiras. Pertencem ao grupo de pessoas que logo se familiarizam com as nuanças da técnica, o mundo tecnológico não lhes apresenta segredos. Portanto, destacam-se nas profissões dessa área. Até mesmo a dona-de-casa, que conserta por si mesma a máquina de lavar roupa e economiza o dinheiro do especialista, pertence na maioria das vezes ao signo de Chuva.

Ai de quem tenha de fazer negócios com nativos de Chuva! Ele entende muito bem de assuntos financeiros e tem faro para a compra certa e alguma tenacidade no que se refere às finanças: não desperdiçará dinheiro e sempre terá alguma reserva. Mas não a deixará parada, pô-la-á em circulação, o que lhe pode trazer muito prazer. Os nativos de Chuva gostam de viajar, de conhecer lugares aprazíveis e de desfrutar férias nesses lugares.

Dia 1.	Não traz bons prognósticos.
Dia 2.	Equilíbrio de tendências favoráveis e desfavoráveis.
Dia 3.	Bons prognósticos.
Dia 4.	Cuidado!
Dia 5.	Pode trazer surpresas desagradáveis.
Dia 6.	Nem tudo o que se empreende tem sucesso.
Dia 7.	Traz bons prenúncios.
Dia 8.	Cuidado!
Dia 9.	Alerta! Possíveis experiências desastrosas!
Dia 10.	A maior parte do dia será favorável.
Dia 11.	A maior parte do dia será favorável.
Dia 12.	A maior parte do dia será favorável.
Dia 13.	A maior parte do dia será favorável.

No Teste dos Parceiros

Homem de Chuva		*Mulher de Chuva*	
Vento ____	○○	Vento ____	○○○
Crocodilo ____	○○○○	Crocodilo ____	○○○○○
Casa ____	○○○○○	Casa ____	○○○○○
Lagarto ____	○○○○○	Lagarto ____	○○○○
Serpente ____	○○○○	Serpente ____	○○○○○
Morte ____	○○○	Morte ____	○○○○○
Veado ____	○○○○	Veado ____	○○○
Coelho ____	○○○○	Coelho ____	○○○○
Água ____	○○○	Água ____	○○○○○
Cão ____	○○	Cão ____	○○○
Macaco ____	○○○○	Macaco ____	○○○○○
Erva ____	○○	Erva ____	○○○○
Cana ____	○○	Cana ____	○○
Jaguar ____	○○○○	Jaguar ____	○○○
Águia ____	○○○	Águia ____	○○○○
Abutre ____	○○○○	Abutre ____	○○○○○
Terremoto ____	○○○	Terremoto ____	○○○○
Pederneira ____	○○○○	Pederneira ____	○○○○
Chuva ____	○○○	Chuva ____	○○○
Flor ____	○○○	Flor ____	○○○○○

Pontuação: 1 ponto: nota mínima, 5 pontos: nota máxima

A Flor (Xochitl)

Em geral, os nativos de Flor têm sucesso. Amam a vida e sabem dominá-la com desenvoltura.

Podemos defini-los também como "filhos das flores". Em geral, têm temperamento alegre, gostam de se divertir e são propensos a todas as artes: literatura, música e artes figurativas. São os melhores convivas para as festas, porque são animadores natos e sabem como ninguém elevar o ânimo até do indivíduo mais cabisbaixo. Recorrem muitas vezes às anedotas – no entanto, jamais em seu detrimento, porém em detrimento dos demais: é necessário tomar cuidado para não se tornar alvo das risadas de todo o pessoal da reunião. Via de regra, os nativos de Flor estão predestinados ao sucesso. Sabem impor-se e possuem um amplo repertório de truques que os ajuda a subir na carreira. Não lhes importa se com isso pisam o calo dos colegas, e se, para subir, ocasionam a queda de outra pessoa. Alcançado o topo, são bons chefes, defendem os empregados e não administram a empresa como déspotas. Quanto mais alta a ascensão na carreira, mais contestações terão de enfrentar, principalmente porque não se desconhece o fato de eles terem lançado mão de expedientes escusos para empreender a escalada. Os colegas tentarão solapar-lhe a autoridade. Portanto, não raro, o nativo de Flor torna a cair do pedestal em que se colocou. Para esse tipo de pessoa, só há dois extremos – ou aquele que subiu e consegue manter-se no posto, ou aquele que desmorona e tem de recomeçar a escalada.

Com as mulheres de Flor, sucede um pouco diferente. Elas têm aptidão para progredir na vida profissional. Mas se encontrarem forte resistência, não farão uso da força nem da artimanha: preferirão ficar onde estão.

Não é fácil conviver com os nativos do signo de Flor. Podem ser companheiros para a vida e excelentes amigos. Contudo, tornam a perder as amizades, que se afastam em virtude de suas observações incontroláveis. Se são contrariados, não mostram apenas os dentes: mordem. Podem ser muito maus, pois essas mordidas doem. Mas o que dilacera mais são as observações ferinas que atingem os amigos dos nativos de Flor quando esses estão despreparados até mesmo para reagir: assim se desfazem as amizades. Mas os nativos deste signo conseguem logo cativar novos amigos. Nada os aborrece mais do que quando as coisas não saem a seu contento. Nesse caso, irritam-se contra todos e dão um superespetáculo bancando as vítimas e entregando-se à autopiedade. Mas não devemos nos apressar em consolá-los, posto que eles buscam em primeiro lugar seus próprios interesses e só muito depois os dos semelhantes.

Essas características são comuns aos dois sexos. O cônjuge dos nativos deste signo não tem vida fácil. Com bons modos obterá pouco. O homem de Flor pode ser um marido infiel, motivo pelo qual a mulher deverá manter-lhe as rédeas curtas. No entanto, resta um consolo: esse marido sempre retorna ao lar. Os homens de Flor são infiéis durante pouco tempo; depois, recordam-se com saudade dos tempos bons da vida conjugal. Talvez nem fosse bom refreá-los em demasia. Quanto mais lhes negarmos algo, mais obstinadamente sairão à sua procura. No entanto, atentem para o seguinte: a mulher que tiver personalidade forte não deverá casar-se com um nativo de Flor. Eles gostam de representar o papel de sultão, inclusive no lar. Se conseguirem essa posição, sua mulher terá dificuldade em fazer-lhe frente com pretensões emancipatórias. Isso ocasionará infindáveis conflitos conjugais. Quem já tiver um desses sultões em casa, fará melhor em conformar-se com o destino. Um sultão das flores que tiver uma mulher emancipada recorrerá, sem dúvida, aos tribunais de divórcio. E a esposa, por mais resoluta que seja, não transformará um paxá num marido dócil.

Dias Favoráveis e Desfavoráveis

Dia 1.	Equilíbrio de bons e maus presságios.
Dia 2.	Os prognósticos favoráveis são preponderantes.
Dia 3.	Propício aos negócios financeiros.
Dia 4.	Quem pretender iniciar algo esta semana deve começá-lo hoje.
Dia 5.	Bom para assuntos financeiros.
Dia 6.	Nem tudo que se empreende dá certo.
Dia 7.	Muito favorável aos grandes projetos.
Dia 8.	Cuidado.
Dia 9.	Infausto para grandes empreendimentos.
Dia 10.	Probabilidades de sorte e sucesso.
Dia 11.	A maior parte do dia será favorável.
Dia 12.	Sorte no amor.
Dia 13.	Favorável para assuntos que requeiram solução rápida.

No Teste dos Parceiros

Homem de Flor		*Mulher de Flor*	
Vento ________	○○	Vento ________	○○○○
Crocodilo ________	○○○	Crocodilo ________	○○○○○
Casa ________	○○	Casa ________	○○○○○
Lagarto ________	○○○○	Lagarto ________	○○○○○
Serpente ________	○○○○○	Serpente ________	○○○○
Morte ________	○○○○○	Morte ________	○○○○○
Veado ________	○○	Veado ________	○○○○
Coelho ________	○○○○○	Coelho ________	○○○
Água ________	○○○○	Água ________	○○○○
Cão ________	○○○○○	Cão ________	○○○
Macaco ________	○○○○○	Macaco ________	○○○
Erva ________	○○○○○	Erva ________	○○○○
Cana ________	○○○○○	Cana ________	○○○○○
Jaguar ________	○○○	Jaguar ________	○○○
Águia ________	○○	Águia ________	○○○○○
Abutre ________	○○○○○	Abutre ________	○○○○
Terremoto ________	○○○	Terremoto ________	○○○○
Pederneira ________	○○	Pederneira ________	○○○
Chuva ________	○○○○○	Chuva ________	○○○
Flor ________	○○○	Flor ________	○○○

Pontuação: 1 ponto: nota mínima, 5 pontos: nota máxima

Leia também

MANUAL DO HORÓSCOPO CHINÊS

Theodora Lau

Aqui está o livro que todo mundo estava esperando!

Tomando por base o calendário lunar, o horóscopo chinês serve de complemento ao nosso horóscopo solar. Este aspecto de complementaridade faz com que o antigo horóscopo chinês seja um objeto de muito interesse. E a razão disso está em que ele recolhe de alguns animais umas tantas características dominantes, as quais, a seguir, são atribuídas às pessoas pelo ano de nascimento. Desse modo, a capacidade de observação, a perspicácia e o bom humor do chinês elaboraram um quadro de referências à vida diária que vale por uma visão do mundo muito bem estruturada e que o leitor, ou o consulente prazerosamente irão conservar na memória.

Para chegar a isso, o horóscopo chinês propõe ao leitor uma série de questões: Qual o seu signo lunar? Que características do animal que o representa são dominantes no seu comportamento? você se ligaria ao egocêntrico e poderoso Dragão? ou se casaria com a bela e sabida serpente? a quantas anda o seu relacionamento com o Cavalo, inteligente porém cheio de caprichos? Seria você o Boi do tipo sisudo, porém submisso? um Tigre cativante, mas imprevisível? ou um Coelho diplomata e manhoso? Chega a entender seu filho de Carneiro, sempre muito gentil e ansioso? Descubra, enfim, por que seu signo é afetado pela polaridade Ying/Yang, ou pelos elementos da Natureza: a Madeira, o Fogo, a Terra, o Metal e a Água.

No gênero, é este um dos mais completos e pormenorizados manuais já escritos em qualquer língua. Os iniciados em Astrologia comprovarão ser ele um volume que irá completar-lhes a formação. Os demais, uma fascinante introdução a um assunto encantador.

EDITORA PENSAMENTO

CURSO BÁSICO DE ASTROLOGIA

Vol. I — Princípios fundamentais

Marion D. March e Joan McEvers

Existem muitos livros de introdução à Astrologia, mas somente esta série segue o método inédito e sistemático de March e McEvers.

Este *Curso básico* mostra como o leitor deve proceder, passo a passo, para aprender os conceitos fundamentais da Astrologia.

As lições são cuidadosamente elaboradas e terminam com um questionário organizado para testar o progresso do leitor.

O segredo do sucesso deste curso está no modo como o seu método envolve o leitor no processo de aprendizagem, através de exercícios fáceis e de testes bem elaborados.

O *Curso básico de Astrologia* compreende três volumes:

VOLUME I — Princípios fundamentais
VOLUME II — Técnicas de cálculo e de interpretação
VOLUME III — Análise do horóscopo

Os volumes são autônomos, podendo ser adquiridos e estudados separadamente.

Neste I volume, as lições versam sobre o simbolismo básico dos signos, dos planetas, das casas e dos aspectos, além de analisar cada planeta em relação a cada signo, casa e aspecto. Como exemplos, são estudados os horóscopos de algumas personalidades de renome mundial no campo das letras, das artes, dos esportes e da política.

EDITORA PENSAMENTO

Editora Pensamento
Rua Dr. Mário Vicente, 374
04270 São Paulo, SP
Fone 63-3141

Livraria Pensamento
Rua Dr. Rodrigo Silva, 87
01501 São Paulo, SP
Fone 36-3722

Gráfica Pensamento
Rua Domingos Paiva, 60
03043 São Paulo, SP